4·16구술증언록 단원고 2학년 7반 제4권

# 그날을 말하다

## 준우 엄마 장순복

4·16구술증언록 단원고 2학년 7반 제4권

# 그날을 말하다

## 준우 엄마 장순복

4·16기억저장소 기획 편집
(사) 4·16세월호참사가족협의회 지원 협조

한울

일러두기

1. 음절로 식별 가능한 소리를 들리는 대로 전사하는 것을 원칙으로 한다.

2. 의미를 파악하기 위해 추가 설명이 필요할 경우 [ ]로 표시한다.

3. 몸짓, 어조 등 비언어적 행위는 ( )로 표시한다.

4. 구술자가 말을 잇지 못해 말줄임표를 사용하는 경우 ……, …로 길고 짧음을 표시한다.

5. 비공개 영역은 〈비공개〉로 표시한다.

6. 비공개해야 하는 희생자 형제자매의 이름은 ○○, △△ 등의 도형기호로, 생존자의 이름은 A, B, C 등 알파벳 대문자로 표시한다.

7. 비공개해야 하는 제3자는 직분이나 소속, 성만 공개하고, 이름은 ××로 표시한다. 비공개해야 하는 숫자는 자릿수에 상관없이 □로 표시하며, 지명은 □□로 표시한다.

책머리에

4·16기억저장소에서는 세월호 참사 5주기를 맞아 구술증언 수집 사업의 결과물 일부를 100권의 책으로 발간하게 되었습니다. 이 사업은 2015년 6월부터 다양한 학문 분야 구술 연구자들의 자발적인 참여로 진행되어 왔으며, 세월호 참사를 좀 더 정확하고 다각적으로 기록하고 기억하고자 하는 노력의 일환으로 수행되었습니다.

2014년 참사 발생 이후, 참사 피해자들의 목격담과 경험은 안타깝게도 공식적인 국가기관과 언론의 기록 속에서 철저히 소외되거나 왜곡되었습니다. 그것은 세월호 참사가 우리에게 안긴 죽음과 고통의 충격만큼이나 우리 사회의 끔찍한 비극이었습니다. 따라서 사업을 진행하면서 세월호 참사 희생자 가족, 생존자, 생존자 가족, 어민, 잠수사, 활동가, 기자 등등, 참사의 초기 과정을 직접 경험한 분들의 증언을 우선적으로 수집했습니다. 구술자는 이 사업의 취

지와 방식에 개인적으로 동의한 분 중에서 선정했으며, 참여 과정에 어떠한 금전적 보상이나 이익이 제공되지 않았습니다. 또한 구술증언 수집 사업을 진행하는 동안, 면담자는 연구자이자 참사를 겪은 공동체 시민으로서 최대한 윤리적이고자 노력했습니다.

구술자마다 매회 약 2시간씩 3회를 원칙으로 음성 녹취와 영상 촬영을 하는 방식으로 진행되었고, 증언의 일관성을 확보하기 위해 면담자는 큰 틀에서 공통 질문지를 사용했습니다. 공통 질문지의 내용은 참사와 구술자 간의 관계성에 따라 차이가 있지만, 유가족 구술의 경우 1회차 '참사 이전의 삶, 팽목항과 진도에서의 경험, 자녀에 대한 기억'을, 2회차 '참사 이후 투쟁과 공동체 활동 경험'을, 3회차 '참사 이후 개인 및 가족이 경험한 삶의 변화와 깨달음, 자녀의 현재적 의미'를 중심으로 했습니다. 이처럼 증언 내용은 참사 이전에서 시작해 참사 발생 당시의 경험과 이후의 변화 과정까지 폭넓게 수집했고, 면담자는 구술 채록 과정에서 구술자의 발화를 최대한 존중하고자 했으며, 무엇보다 각자의 특수한 경험과 다른 시각을 충실히 반영하고자 했습니다.

이 구술증언록의 발간을 위해, 채록된 음성 자료는 문서로 변환해 구술자와 함께 검토했고, 현재 시점에서 공개할 수 있는 영역과 할 수 없는 영역으로 구별했습니다. 따라서 책에 실린 내용은 모두 구술자로부터 공개를 허락받은 부분입니다. 비공개 영역은 추후 구술자의 동의를 받아 적절한 절차를 거쳐 추가로 공개될 수 있으리라 생각합니다.

이 구술증언록 100권에는 그동안 우리 사회에 왜곡되어 알려지거나 잘 알려지지 않았던, 참사 발생 직후 팽목항과 진도 혹은 바다에서의 초기 상황에 관한 중요한 증언이 포함되어 있습니다. 또한, 자녀를 잃는 잔인하고 애통한 상황을 겪으면서도 그 누구보다 강인한 정치적 주체로 성장할 수밖에 없었던 유가족의 마음과 경험을 구체적으로, 그리고 여러 각도에서 살펴볼 수 있습니다. 그 외에도, 이 구술증언록은 2014년을 전후한 한국 사회의 여러 측면을 드러내는 귀중한 자료가 되리라고 생각합니다. 무엇보다 국내외의 많은 분이 이 책을 읽어, 장차 세월호 참사의 진상 규명과 역사 서술에 기여할 수 있기를 바랍니다.

구술증언 수집 사업이 진행되고, 책으로 출간되기까지 많은 분의 도움과 지지가 있었습니다. 이 지면을 빌려 부족하나마 감사의 말씀을 전하고자 합니다.

먼저 (사)4·16세월호참사가족협의회와 4·16기억저장소에 감사를 드립니다. 이분들의 신뢰와 적극적인 협조가 없었다면, 이 사업은 처음부터 시작할 수조차 없었을 것입니다. 또한 어려운 정치 환경 속에서도 사업의 취지에 공감해 재정 지원을 결정해 준 아름다운가게와 역사문제연구소에 감사드립니다. 두 단체 덕분에, 이 사업을 4년 동안 계속해 올 수 있었습니다. 그리고 구술증언록 100권의 발간에 동의하고, 바쁜 일정에도 출판 실무를 기꺼이 맡아주신 한울엠플러스(주)에도 감사를 드립니다. 이 외에도 많은 개인과 단체가 직간접적으로 많은 도움을 주시고 격려해 주셨습니다. 여기에 모두 밝히지 못하는 것을 죄송하게 생각합니다.

　말할 필요도 없이, 가장 크고 또 가슴 아픈 감사는 구술자 한 분한 분께 드리고자 합니다. 이 책이 발간될 수 있었던 것은, 무엇보다 용기를 내어 아픔과 고통의 기억을 다시 떠올리고 장시간 진심으로 이야기를 해주신 구술자가 있었기 때문입니다. 오랜 시간 이야기를 나누며 함께 공감하기도 했지만, 그 아픔과 고통을 어떻게 가늠할 수 있을까 싶습니다. 더 큰 도움이 되지 못함을 안타까워하며, 이 구술증언록 100권의 발간이 피해자분들에게 조금이라도 위로가 될 수 있기를 기원합니다.

2019년 4월

4·16기억저장소 구술팀 책임자
서울대학교 인류학과 교수 이현정

# 차례

## ■ 1회차 ■

# 준우 엄마 장순복

구술자 장순복은 단원고 2학년 7반 고 이준우의 엄마다. 준우의 꿈은 우리나라에서 제일 가는 정보 보안전문가였다. 생각이 깊고 세 살 터울의 남동생을 살뜰히 보살필 줄 아는 준우는 유달리 어머니와 많은 대화를 나누던 아이였다. 엄마는 직장에 복귀한 뒤에도 준우가 세상에 기억되기를 바라면서 진상 규명 활동에 힘쓰고 있다.

장순복의 구술 면담은 2016년 1월 25일, 2월 1일, 15일, 3회에 걸쳐 총 4시간 20분 동안 진행되었다. 면담자는 윤보라, 촬영자는 윤보라·김향수였다.

구술자 본인의 프라이버시나 제3자의 프라이버시를 보호해야 할 부분을 제외하고는 구술자의 발화를 있는 그대로 전사했다.

# 1회차

2016년 1월 25일

# 1
## 시작 인사말

**면담자**　　본 구술증언은 4·16 사건에 대한 참여자들의 경험과 기억을 기록으로 남김으로써 이후 진상 규명 및 역사 기술에 기여하고자 합니다. 지금부터 장순복 씨의 증언을 시작하겠습니다. 오늘은 2016년 1월 25일이며, 장소는 안산시 단원구 글로벌다문화센터입니다. 면담자와 촬영자는 윤보라입니다.


# 2
## 구술 참여 동기

**면담자**　　첫 번째 구술에서는 어머님이 어떻게 살아오셨는지를 여쭙겠습니다. (준우 엄마 : 연식으로 해야 해요?) 시간순으로 하셔도 되고, 자유롭게 해주시면 됩니다. (준우 엄마 : 아, 어렵네요) 괜찮습니다.

**준우 엄마**　　그 과정만 1시간 하는 거예요?

**면담자**　　네, 그 이전에 어떻게 살아오셨는지.

**준우 엄마**　　지금부터 해요?

**면담자**　　네, 먼저 구술증언에 참여하시게 된 동기를 알려주시겠어요?

**준우 엄마**　　기록을 남기면 좋다는 거, 누군가가 옆에서 해준다는 거. 우리가 모르잖아요, 이 사항을. 그런데 누군가가 카메라 들고 누군가가 글로 쓴다는 게, 기록이 된다는 게 나중에 남을 것 같아요, 저희가 할 수 없는 일을 [해주시니까]. 그래서 이렇게 한다고 하면 다 도와주고 싶어요.

**면담자**    이 기록이 어떻게 사용되기를 바라시나요? (준우 엄마 : 앞으로?) 네.

**준우 엄마**    [이런 참사를] 겪지 못한 사람들이 많을 것 같아요. "나는 아닐 거"라고 생각했었거든요, "나는 아닐 거"라고. 근데 이렇게 되더라구요. 그래서 기록이 잘 전달돼서 사람들 마음을 움직였으면 좋겠어요(울음). 큰일 났네, 아직 시작도 안 했는데.

## 3
## 어린 시절과 결혼, 준우 출산

**준우 엄마**    저는 어려서 철부지같이 그냥…. 저는 고향이 완도예요, 바닷가도 있었고. 저 바닷가에 살았어요. 그래서 힘든 상황에서도 부모님을 도와주고 싶어서 좀 일찍 사회생활을 했고, 학교도 내가 돈을 벌어서 직접 등록금 내면서 다녔고. 그래 가지고 좀 벌다 보니까 돈도 벌고 학교도 다니다 보니까 내 힘으로 할 수 있어서, 다시 안양에 올라와서 남동생을 시골에서 올라오라고 했죠. 남동생을 가까이에 안양에 있는 대학교에 보내주고 그 옆에서 방을 얻어주고. 남동생하고 이렇게 살았어요, 엄마는 시골에 계시고. 남동생도 공부도 잘하고 그래서 안양에서 좋은 대학교 나왔는데 〈비공개〉 살다 보니깐 경제적인 게 조금 힘들더라구요. 살아보니까 그때가 IMF, [19]97년도 IMF라 좀 힘들게 살아서 이렇게 살면 앞이 안 보일 것 같아서 젊었을 때 벌어야 해서 일을 나갔어요. 그때 준우가 돌이 안 됐었을 때였어요. 맡아줄 사람이 없어서 준우가 의정부도 갔었고, 할머니 집에도 살았고, 울산에 가서 고모들하고도 같이 살았고, 그렇게 살았죠, 힘들게 준우가. 돈을 번다는 목적으로, 돈을 벌어서 준우를 가르쳐야 한다는 엄마로서의 책임감이죠.

하다 보니까 동생도 하나 낳고 싶어서 그렇게 동생 낳고 잘 살았는데…. 애들을 가르칠 때 항상 어렸을 때, 저는 애들 가르칠 때 자기 스스로 할 수 있게 만들었어요. 준우 같은 경우는 돌 지나고 젖병 빨고 있을 때 방에서 준 게 아니라 혼자 작은방에 뉘어놓고 혼자 "젖병을 빨라"고 애기 때부터 교육을 그렇게 시켰던 것 같아요. 떼어놓는 것도 있었지만 그렇게 하니까 빨리 떼어놓는 게 되더라구요. 준우는 좀 남다르게 키웠던 것 같아요, 말도 잘 들어주고. 그리고 준우가 힘들까 봐 "동생을 한 명 낳아달라"고 해서 동생을 낳아줬는데, 그렇게 직장을 그만두고 준우 동생 낳고, 준우도 집에서 같이 보면서 그렇게 키웠죠.

## 4
### 준우의 어린 시절

준우 엄마　　　이 아이를 어떻게 키울까 하다가 제가 아가씨 때 보던

책들이 많이 있었어요, 그걸 가지고 왔어요. 준우한테 글을 가르쳐야 하는데 '6살 때 한글을 가르쳐야 한다'고 생각을 하게 됐어요. "엄마, 나한테 왜 한글을 가르치려고 그래? 난 모르는데?" 그래서 "응, 너 한글 가르치려고. 빨리 엄마랑 대화를 해야 하는데 대화를 못 하잖아. 빨리 글씨를 알면 네가 알고 싶은 게 아주 많을 거야" 그래서인지, 준우가 궁금한 게 되게 많았어요. 말이 한번 트이니까 정말 말이 많아요. 그때부터 공부를 했는데 공부하는 방식을 물어봤어요, 제가 남들처럼 기억, 니은을 가르쳐준 게 아니라 방식을 한 세 가지 갖다 놓고 "여기서 네가 골라봐라"고. 그러면 "어떤 방법으로 하면 글씨를 깨우칠 수 있을까?" 했더니 준우가, 제가 세 가지 조건을 내쳤더니 준우가 "이걸로 하자"고 하더라구요. 그 아이가 빨리 받아들였어요. 특별히 가르쳐줄 게 없어서 주판 갖다가 수학 가르치고 지나가는 차 번호판 보고 옛날에 하던 식으로 그렇게 가르쳤는데 그게 쑥쑥쑥 머릿속에 잡히더라고.

중요한 건 동네에 먼저 가르쳤던 엄마들한테 일을 받아가지고 준우 가르치고. 제일 큰 게 나는, '준우를 내가 가르쳐야겠다'고 생각을 한 거는 남자가 결혼하면 약간 틀리잖아요[다르잖아요], 연애할 때하고. '아, 연애는 이거고 결혼은 이거구나' 싶어서. 아빠도 성향 있고 나도 성향 있는데 아빠가 조금 더 강했어요, 저보다. 결혼하고 알았어요, 그걸. 근데 아빠 사상을 바꿀 수가 없을 것 같아서 제가 아가씨 때 읽었던 책을 준우한테 가르쳤어요. 남들은 '몬테소리', '아가방' 그렇게 사주지만 나는 언니 집에서 얻어오고 나머지 책을 제가 읽던, 아가씨 때 읽었던 책을 보라고 했던 것 같아. 그래서 책을 항상 옆에 놔두고 살았는데 초등학교 들어갈 땐 잘하더라고, 공부를. 준우가 좀 성숙했어요, 초등학교 1학년 8살인데도 되게 성숙해서.

아, 그런 것도 있다. 준우가 초등학교 들어가면서 제가 직장생활 다시 다녔는데 그때가 ○○이 다섯 살인데 "준우야, 너 직장생활 할 수 있겠냐 엄마가 직장생활 해도 되겠냐?" 하니까 "엄마, 직장 다니라구". 초등학교 입학을 했는데 '어디부터 할까, 어떻게 할까?' 하다가 제가 '직장을 다녀야겠다'고 생각을 한 거예요. ○○이도 어느 정도 크니까 어린이집 보내고 준우랑 같이 어린이집 보냈어요, 적응을 좀 잘하더라구요. 좀 지켜보다가 적응을 잘하길래 다시 직장생활 했어요. 그땐 직장생활 안 하면 안 되는 상황이었어요, 우리가.

**면담자**　　　그때 준우가 몇 살이었어요?

**준우 엄마**　　　준우가 7살. ○○이 태어나고 한 1, 2년 제가 보고, ○○이가 어느 정도 크니까 계속 준우는 어린이집 다녔어요. ○○이가 태어날 때부터, 4살 때부터 어린이집 본격적으로 다니기 시작했고 제가 키우면서 같이 어린이집 보냈는데, 직장생활 한 건 준우가 7살 때부터 다녔죠. 그러다가 중간에 알바식으로 왔다 갔다 했었어요, 그때까진. 우리 준우 보면 초등학교 입학식 있잖아요. 제가 그때 32살이었어요, 초등학교 입학식 할 때. 초등학교 입학식 하는데 너무 감격스러운 거예요. 나도 엊그저께 초등학교 졸업한 것 같은데 내가 벌써 아이를 낳아서 아이가 입학식 앞에 단상에 서 있는 거 보고, 입학식 할 때 보고 너무너무 감동을 받은 거예요. "아 너무 좋다, 준우야" 그랬더니 "엄마도 이런 시절이 있었냐?"고 "엄마도 이런 시절이 있었는데 너무 빠른 것 같다"고 그랬는데. 진짜 기념사진 찍고 막 태극기 앞에서 기념사진 찍고 (웃으며) "너의 출발이 시작된 거라고, 이제 시작이라고" 막 그랬는데. 하루는, 그때는 엄마들이 애들이 학교 가면 보고 싶어서 까치발로 수업하는 걸 봤었어요. 한 일주일 동안은 그럼 항상 ○○이를 데리고 가는 거예요. 까치발로 항상 보는 거예요, 준우 잘 앉아 있냐고. 1시간 정도는 그렇게 보고 쉬는 시간에 얼굴 보고 그러고 집에 왔는데, 한 일주일 정도 그렇게 했나 봐요. 왜냐면 다른 엄마들도 다 그렇게 해요, 까치발로 보고 와요.

그래서 저도 보고 왔는데 하루는 준우가 학교를 갔다 오더니 "엄마, 이제 학교 오지 마세요" 그러는 거예요. 그래서 "왜?" 그랬더니 그냥 "엄마, 집에 있으라"고, 그냥 "내가 혼자 왔다 갔다 할 게요"라고 그러면서 이런 말을 하더라구요. "한 달이 됐는데 엄마 이제는 직장을 다니셔도 되겠다"고, "엄마, 학교 오지 마세요". 먼저 그러는 거예요. "왜 학교 오지 마?" 그랬더니 엄마가 간 다음에 자기가 쭉 지켜봤대, 다른 사람들을. 다른 엄마들은 아이가 학교 끝날 때까지 밖에 서 있는데 학교 끝나고 청소를 하더래, 근데 자기 눈에는 그게 너무 안 좋아 보였던 거야. 그러니까 엄마가 추운데 ○○이를 데리고 학교에 와서 나중에 청소하고 갈까 봐 지는 싫은 거야. 동생은 4시간 동안 떨고 있고 [엄마가] 밖에서 청소하는 게 너무 보기 싫은 거야. 그래서 "학교 오지 말라"고 "나 적응 너무 잘하니까 학교 오지 말라"고, "엄마, 직장 다니라"고. "학교 적응 너무 잘하니까 이제 아르바이트하지 말고 직장, 회사를 다니시라"고 그러더라구요. 그렇게 해서 시작된 게 그때부터 직장생활을 했었죠.

22

준우 엄마 장순복

**면담자**  어떤 일을 하셨는지 여쭤봐도 될까요?

**준우 엄마**  저는 제약회사 들어갔었어요. 준우 아빠가 그때 IMF라 회사가 바로 부도났었어요, 준우 어렸을 때. 그래서 준우 아빠가 힘든 일 할 때 "힘든 일 하지 말고, 시간 너무 긴 거 하지 말고 시간 짧은 거 해서 우리 같이 벌자" 그래서 준우 아빠가 부담스럽지 않게 하려고 제가 직접 직장생활을 했었죠. 근데 준우가 이야기하는 거 보면 고생을 좀 많이 했어요, 제가 직장을 다니는 바람에 준우가. 그동안 제가 교육을 시켰어요, 학교 다니기 전에 제가 직장생활 하기 전에 준우가 태권도도 다니고 좀 많이 했어요, 방과 후에. 초등학교 오전만 하고 밥 먹고 학원 가서 밥 먹고 태권도 하고 미술 하고 막 그런 식으로 했는데 어느 날은 전화가 와요, 아침마다.

"왜 그러니?" 그러면 "엄마, ○○이가 학교 가야 하는데 방에서 문을 잠가놓고 안 나와, 장난감 꺼내놓고". 근데 선생님은 밖에서 빵빵하고 있다는 거야, 빨리 가야 하는데 학원 차 타고 그런 이야기. 하루는 ○○이가 차가 와서 기다리고 있는데 안 가려고 화장실에서 똥을 싸고 있더래. 시간이 다 됐는데, 선생님이 밖에서 기다리고 있는데, [○○이가] 우는 거야. "엄마, ○○이가 똥을 싸는데 빨리 안 나와요, 막 울어" 그럼 지가 다 똥을 닦아주고. 8살 때 하루는 전화가 와. 지를 밖에다 내놓고 애가[○○가] 현관문을 잠가버린 거야. 근데 지도 놀래 가지고 우는 거야. 그래서 열쇠공 불러서 다니고(웃음). 준우가 좀 고생을 많이 했어요, ○○이 땜에. 아이 어르고 달래서 지가 옷 입혀가지고 하고, "오줌 쌌다"고, "옷에다가 오줌 쌌다"고 그러면 ○○이는 일부러 그랬던 거 같아, 오줌 싸면 지가 어린이집 안 가는 줄 아는 거야. 준우는 그럼 옷을 벗겨서 옷을 갈아입혀야 하고. 지도 어린데, 8살인데 학교 가야 하는데. 그런 이야기가 많이 있었죠. 그건 초등학교 1학년 때 제일 기억에 많이 남았던 거 같구.

준우가 목소리가 되게 좀 굵어요. 성대가 남들보다 좀 빨리 나왔어요. 선생님한테 전화가 왔더라고, 하루는 일하고 있는데. 그래서 "왜 그러시냐?"고 그랬더니 "얘 3학년 아니냐?"고 물어봐요. "3학년 아니라 초등학교 1학년인데요" 그랬더니 선생님들이 올 때마다 "초등학교 3학년짜리가 1학년 교실에 앉아 있다"고 그러더래. 얘가 좀 목소리도 굵고 예의가 바르고 좀 차분했어요. 그러니까 선생님들도 당연히 '쟤가 초등학생 [1학년]이 아닐 거'라고 생각하더라고. 그래서 "아니"라고, "초등학교 1학년 맞다"고. 근데 준우는 남이 어려워하는 걸 많이 도와줬어요. 선생님도 같은 여자라고 생각했는지 쓰레기 같은 거, 학교 선생님이 무거운 책 같은 거, 그때 학교에서 우유를 먹었어요. 우유 박스 들고 다니는 거 지가 다 하고 쓰레기 버리는 것도 다 지가 하고. 항상 내가 그랬지. "남을 도와줘라", "선생님도 여자다, 네가 먼저 해라" 항상 그렇게 가르쳤어요, 애기한테 "네가 먼저 해라", "양보해라", "도와줘라", "여자는 무조건 도와줘라, 엄마라고 생각하고 무조건 도와줘라" 이런 말을 좀 많이 했었죠, 어렸을 때부터. 제가 『금요일엔 돌아오렴』 책도, 그때도 이야기가 있었지만 준우가 신기한 게 많았어요. 기억에 남는 게 그런 그림 그리는 거? 마술 부리는 거. 하여튼 학교생활이 그랬어요.

**면담자**　　　어머님께서 어렸을 때는 어떠셨어요? 혹시 어렸을 때부터 안산에 계셨어요?

준우 엄마        아니요. 저는 시골에서 농사짓고 아빠가 일하는 바닷가 일을 많이 했어요. 미역이라든가 김 그런 거 어렸을 때 새벽 3시, 4시 학교 가기 전에 일어나서 하는 게 있어요. 김을 직접 바다에서 떠와서 씻어가지고, 네모난 틀에다가 김을 쫙 발라서 뜨는 작업이 있어요. 그런 작업을 많이 했어요, 어렸을 때 학교 다닐 때. 제가 보면 손이 좀 두꺼운데 어렸을 때부터 새벽에 나가서 바다 일을 해가지고 손이 많이 부었어요. 동상이 많이 걸려서 잘 때는 맨날 콩을 넣어서 양말에다가 이렇게 대놓고 자고 그랬어요. 거의 그러고 살았죠. 바닷가에 살았으니까 바다 일을 많이 했었죠. 아빠 따라서 낙지라든가 그런 것도 잡아가지고 같이 따라다니면서 팔고.

면담자        그게 안양에서 기억인가요?

준우 엄마        아니요, 인천에서 학교를 다녔었어요. 인천에서 다니다가 다시 안양으로 왔었죠. 그러다가 언니가 여기가 살고 있길래 안산으로 왔었죠. 준우 아빠 만난 게 안양.

면담자        사회생활 쭉 하셨겠네요. 직장생활은 어렵지 않으셨어요?

준우 엄마        직장생활은 힘든 거 없었어요. 왜냐면 직장 다닐 때 너무 신기했어요. 시골에서는 무조건 일해야 해요. 학교 갔다 오면 정말 오기가 싫을 정도로 [멀리서] 이렇게 우리 집을 보면 마당에서 김 뜨고 난 거 이만큼 막 쌓여 있고, 보면 [일거리가] 너무 집에 많은 거예요. 그래서 집으로 가기 싫었어요. 그래서 맨날 엄마[한테] 핑계 대고 교회 가고, 주말에는 엄마가 쌀을 가지고 교회가[에] 갖다줘요,

"데리고 살라"고. 일하기가 싫어서 너무 일이 많으니까. 그것만 있는 게 아니라 밭일도 좀 많았어요. 시골에서는 그렇게 일을 했었어요. 그래서 우리 엄마가 자기 혼자만 고생해도 되는데, 딸 둘이 있는데, [저한테] 언니도 있는데 딸 둘이 너무 고생한다고 빨리 사회생활 하라고 서울로 보냈죠. 그때는 재밌었죠. 바닷가 가서 배 타고 가서 동생이랑 낚시도 하고 재밌었어요(웃음). 바닷가에 살았어요, 바닷가에. (면담자 : 형제분이?) 형제가 오빠 있고 언니 있고 저 있고 남동생, 2남 2녀.

**면담자**　　　준우를 친척집에서 키워주고 하셨는데요.

**준우 엄마**　　　준우가 할머니 집에 갔는데, 그때가 돌 전이니까 걸음마 하기 전인데 잘 못 걷더라구요. 준우가. 그래도 한 2살, 3살 때까지 친척집에 있었던 것 같아요. 시골에 가면 한 달에 한 번씩 가니까 애가 몰라봐요, 엄마, 아빠를. 항상 커튼 뒤에 숨어서 누군가 하고 빼꼼 쳐다보고. 과자 같은 거 장난감 사 오면 그때 와서 놀고. 엄마, 아빠라는 이야기를 잘 안 하더라고요. 그래서 '아, 이건 안 되겠다' 싶어서 데리고 왔죠.

**면담자**　　　그게 몇 살 때? (준우 엄마 : 한 3살, 4살?) 그때 그러면 직장을 그만두신 거예요?

**준우 엄마**　　　네. 그런데 ○○이를 갖게 됐죠, 그러면서.

**면담자**　　　준우가 철도 빨리 들고 성숙했나 봐요, 일도 많이 도와주고.

**준우 엄마**　　네, 동생 낳았을 때도 "엄마 힘드니까 시골에 가" 있으래니까 한두 달 또 할머니 집 가 있었고, 말썽을 안 부렸던 것 같아요. 준우가 어렸을 때는 되게 말썽꾸러기였죠. 호기심이 엄청 많아서 기억에 남는 건, 제가 보통 집에 있으면 지나가는 전단지 붙이는 사람들이 많았어요. 그때는 그럼 너무 힘들까 봐 제가 집의 문을 열어주고 "여기 좀 앉아 있다 가시라"고 그러면서 "왜 이렇게 힘들게 전단지 붙이고 다니냐?"고 (면담자 : 어머님께서?) 네, 그러면 그 사람도 자기 이야기를 해요. 자기 이야기 하면 들어주고 "물 한잔 먹고 힘내시라"고 그러면 너무 좋아하더라구. 그게 습관이 돼서 보험 하는 사람도 집에 와서 이야기하고, 책 파는 사람도 저한테 와서 이야기를 해줘요. 다른 사람들은 "집에 들이지 말라"고 [그러면서] "왜 네가 그런 사람들 들이냐?"고, "다 사기꾼"이라고 그렇게 말하는데 저는 안 그랬어요. 책 파는 사람들 집에 와서 얘기해 보면 애기들 정보를 얻더라고. 나중에 한두 번 듣다 보니 내가 박사가 돼버린 거야.

　왜냐면 교학사 거, 웅진 거, 몬테소리, 아가방. 모르는 게 없는 거야. 그래서 나는 문을 열어놓고 "들어오라"고 해, 아무나 "들어오라"고 해 그냥. 스님도 "들어오라"고 그러고 다 "들어오라"고 그래요. "무섭지 않냐?"고, 난 "안 무섭다"고, "듣다 보면 사회를 좀 알겠더라"고. 보험도 삼성, 교보 어마어마하게 왔었어요. 그러면 [보험을] 들으라"고 해. [그러면 그 안에] 정보가 또 있어. '아, 애는 이렇게 키워야겠구나', '아, 사회는 앞으로 이렇게 살아가는구나' 그걸 배웠었고. 예를 들어서 기독교, 저도 어렸을 때 기독교였는데 기독교면 그 왜 이단? 지나가면서 "도를 닦겠습니다" 하는 그 사람들 신기하더라고. "그럼 집에 오라"고. 난 좀 신기한 게 되게 많았어요. "들어오시라"고, 도 닦는 사람들 "들어오시라"고 막 그런 것도 있었고. 하루는, 우체부 아저씨도 제가 많이 잘해줬었어요. 우체부 아저씨 오면 밥 먹을 때 오면 진짜 "식사하고 가시라"고 할 정도로. [우체부 아저씨 말씀이] "이 동네 오면 너무 재밌게 산다"고. 하루는 물 같은 것도 갖다주고 아이스크림도 제가 쭈쭈바 같은 거 막 사주고 그랬어요, 아저씨한테.

하루는 아저씨가 나한테 소리를 지르는 거예요. 그래서 "어머, 왜요? 왜요?" 그랬더니 "큰일 났다"는 거예요. 그래서 "왜 그래요?" 그랬더니 자기 오토바이 열쇠가 없어졌대, "앞에다가 오토바이 세워놓고 우편물을 [배달]하고 있는데 잠깐 2층에 등기 갔다 왔는데 오토바이 열쇠가 없어졌다"는 거야. "아저씨, 어떡하나?"고, "내가 찾아보겠다"고 진짜 한 10분을 찾았어요. 나중에 준우한테 가서 "준우야, 밖에 아저씨가 오토바이를 세워놨는데 열쇠가 없어졌대, 어떡할까? 아저씨 지금 못 가는데" 그랬더니 "엄마, 내가 열쇠 뽑았는데?" 그러는 거야. "네가 왜 열쇠를 뽑았어?" 그랬더니 아저씨가 부릉부릉할 때 열쇠를 잡고 하더래, 근데 아저씨가 열쇠를 꽂아놓고 갔대. 그래서 자기가 열쇠를 뺐대, 담에 자기가 타보고 싶어서 그걸 갖고 아무 생각 없이 방에 가지고 온 거야. 그래서 어떡해 아저씨한테 너무너무 미안해 가지고. [준우가] 아저씨한테 그러더라고 "왜 아저씨는 그렇게 중요한 걸 거기다 놔두고 올라가냐?"고. "열쇠를 빼가지고 올라가야지". 엄마는 항상 "열쇠로 꼭 잠그라"고 제가 그렇게 교육을 시켰잖아요. "엄마는 열쇠로 꼭 잠가서 호주머니에 넣으라고 했는데 아저씨가 열쇠를 채우고 가길래 자기는 당연히 뽑아서 호주머니에 넣었다"는 거야, "아저씨

걸 보관해 준다"고, 엄마가 항상 아는 사람이니까. 자기는 가만히 보니까 아저씨가 항상 열쇠를 꽂아두고 다니더래, 그게 걱정돼서 지 호주머니에 넣은 거야. 그런 일도 있었고.

난 그게 좀 많이 생각나요. 아저씨가 너무 황당해 가지고 둘이 진짜 울 뻔했다니까(웃음), 아저씨랑 나랑 아저씨는 너무 힘들어하고. 나중에 제가 다른 뭘 배우러 다녔는데 미용을 좀 배웠는데 그 아저씨를 우연찮게 만났어요. 상가에서 "아저씨, 안 보여서 걱정했는데 여기 계셨군요?" 그랬더니 자기도 "[구역이] 바뀌었는데 아줌마한테 인사를 못 하고 왔다"고 그러다 마주친 거예요. 그러면서 너무 반가워하더라고, '사람마다 잘해주면 나중에 다 인연이 있구나' 생각을 해서 제가 성향이 그래서 아무한테나 잘해줬어요.

**면담자**  정이 많으신 것 같아요.

**준우 엄마**  누가 고맙다고 말하면 미안해하는 성향이 좀 있어서 그런 말 못 하게 하고, 제 성격이.

**면담자**  준우가 어머니 성격을 많이 닮았나요?

**준우 엄마**  저하고 아빠를 많이 닮았어요. 준우가 말을 상당히 잘해요, 말도 잘하고. 제가 말을 잘하는 준우로 가르친 게, 말발이 보니까 아빠가 나보다 말을 잘한다는 걸 제가 느꼈어요. 그리고 남자가 직장생활 하고 월급을 더 많이 받다 보니까 여자가 집에서 화를 안 냈어요. 제가 [남편] 기를 죽이면 안 되잖아요. 그냥 결혼하면 그래도 우리나라는 아직 그런 게 있잖아요, 남편을 배려하고 그런 게. 직장생활 해도 남편이 더 많이 버니까 남편에게 항상 밥 그런 거 하고[챙겨주고]. 항상 남편을 시키질 않았어요, 제가 다 하는 거죠. 근데 중요한 건 아빠를 한 번씩 이겨봐야 하는데, 아빠 사고를 바꿔야 하는데 평생 아빠 사고가 안 바뀔 거 같더라고. 왜냐면 우리 시어머니 밑에서 30년 살았고 나도 우리 엄마 밑에서 한 20년 넘게 살았으니까 사고방식은 절대 안 바뀔 거라. 신랑이랑 30년을 더 살아야 하는데 성격을 바꾸지 않을 거고, 그럼 시간이 너무 걸리니까 '준우를 가르쳐서 키우는 게 더 빠르겠다'고 생각해서.

준우가 초등학교 들어가는데 책을 읽더라구, 애가 공부를 좀 하더라고 그래서 제가 하도 심심해서 "준우야, 동화책을 읽으면 안 돼. 이건 어린이들이 읽는 거야. 준우야, 문학 책을 읽으면 안 돼. 엄마가 좋은 책 있어" 그래 가지고 제가 준우한테 처음으로 내준 책이 『테스』.

**면담자**　　몇 학년 때?

**준우 엄마**　　초등학교 3학년, 4학년. 『테스』가 그때는 정말 [19]88년도 그런 거라 글자가 안 보여요. 글자가 안 보이고 색지도 노란 색지 책이 있어요. 제가 아가씨 때 본 거라 88년도 연작인데 "엄마, 이걸 꼭 제가 읽어야 해요?", "응, 네가 꼭 읽어야 할 거 같아. 이거 엄마가 너무 감동받은 책인데 이해를 못 해. 그러니까 네가 한번 보고 이해를 해봐" 그랬더니 "이게 엄마가 읽은 책이라고요?" 그러면서 읽었어. "궁금하다"는 거야, 엄마가 어떻게 살았는지. 그래서 내가 "그럼 『테스』를 읽으라"고. 근데 [준우가 하는 말이] "엄마 책이 너무 어려워요, 모르겠어요, 다 못 읽겠어요" 한 열 장을 읽더니. [그래서 내가] "응, 천천히 읽어. 천천히 읽는데, 한 번만 엄마 소원인데 읽어봐" [했더니] 그걸 한 달 동안 조금 조금씩 읽는 거야. 근데 "엄마, 다 읽었는데 이해를 못 하겠어요", "엄마가 맨날 하는 말 있지? 한 번 더 읽어봐", "한 번 더 읽었어요, 엄마. 그래도 이해를 못 하겠어요", "세 번을 읽어봐", "엄마, 그래도 이해 못 해. 근데요 엄마, 조금 이해했어요, 반은 이해한 거 같애요", "그럼 한 번만 더 읽어볼래?", "엄마 말대로 한 번 더 읽어봤더니 이해가 다 돼요" 그러더라고.

그러면서 "엄마가 안 읽는 책이 뭐가 있어요?" 이러는 거야. 그래서 "엄마가 제일, 지금까지 10번을 읽어도 이해가 안 되는 책이 하나 있다" 그랬더니 뭐네요. 그래서 "『젊은 베르테르의 슬픔』. 엄마는 그거 10번을 읽어도 이해가 안 돼. 말 좀 해줘봐" 그랬더니 세 번만에 그걸 읽고 "이해를 했다" 하더라고. 그래서 '아, 난 이해가 안 돼서 아가씨 때 못 버리고 놔뒀던 책도 네가 읽는구나' 싶어서 자꾸자꾸 이야기 책을 읽었어요. 『무궁화꽃이 피었습니다』는 기본적으로 하고 『태백산맥』 그러고 『무궁화꽃』은 살면서 내가 읽힌 거고, 『태백산맥』 같은 것도 준우가 다 읽더라고.

**면담자**　　그 10권짜리를요?

**준우 엄마**　　네. 거기에 좀 내가 걱정을 했어요, 거기 내용이 약간 야시시한 게 많아요. 이걸 읽을 수 있을까 했는데 초등학교 몇 학년인지 모르겠는데 읽었어요, 그런 책을 다. 내가 걱정했어요. "준우야, 여기 책이 조금 야한 게 있을 거다" 그랬더니 "괜찮다"고 그러면서 읽었는데, 그런 내용을 보고 격분을 하고. 그리고 우리 전라도는 약간 "김대중 선생님"이라고 그랬어요. 그래서 김대중 책이 많이 있었어요. 그래서 김대중 책을 많이 읽혔는데 그것도 영향이 좀 있었고. 제가 경호원 그 책을 되게, 박정희 그 시절에 경호원 스토리가 참 많더라구요. 그래서 경호원 스토리를 많이 읽혔어요. 근데 애가 여기서 약간 발끈하더라고 "이런 일이 정말 있었을까요?", "있었을 거"라고 그랬는데 그 아이가 성향이 한번 읽으니까 끝이 없어요.

제가 처음에 중학교 때 시골에서 책을 읽게 된 게, 아시는지 모르겠지만『공존의 그늘』이라고. 도시에서 [같은 반 친구] 아이가 오빠 집에 놀러를 갔는데, 아주 잘사는 애예요. 저는 시골에서 정말 국어책밖에 없었던 그런 애예요, 잡지 그런 걸 본 적이 없잖아요. 그 아이가 서울을 갔는데 책을 몰래 가져왔더라고. 뒤에 앉았는데『공존의 그늘』이라는 그 책을 나한테 주더라고, 근데 이것도 야해요. 그때부터 세상에 눈을 뜨고 생각이 바뀐 거예요. 중학교 2학년 때 그걸 밤새 집에서 두 번, 세 번 읽었던 거예요. "이게 서울 책이구나, 이게 서울 책이구나" 하면서. 그때는 아무것도 없었으니까, 시골에 신문 하나 없었으니까 아주 섬이었기 때문에. 그러다가 우연찮게 친구한테, 중학교 때 그때 마이마이가 있었는데 마이마이를 선물받으면서 제가 일본 시디 [CD]를 하나 들었었어요. 그걸 테이프를 처음 들은 게 한국 가요가 아니라 일본 가요를 들었던 것 같아요. 지금도 대충 기억은 다 하고 있어요. 그때는 녹음도 막 할 수 있었고 그래서 일본 거를 많이 들었는데, 근데 준우가 살아보니까 꼭 나하고 똑같더라고. 나는 우연찮게 일본 노래를 들어가지고 한국 노래보다 일본 노래를 더 많이 불렀었고, 아가씨 때도 노래방 가서 일본 노래가 있나 없나 그것부터 먼저 찾았어요, 한국 가요를 찾는 게 아니라. 처음에 느꼈던 거라 제가 학교 다닐 때 그랬는데(웃음). 아, 할 얘기가 너무 많은데.

면담자          편하게 말씀 하세요.

준우 엄마       그때부터 내가 좀 달라졌죠. 그래서 준우를 내가 그런 책을 읽힌 게, 제가 직장생활 하면서 자꾸 책을 읽다 보니까 그런 쪽으로 빠지더라고. 박선숙인가? 국회의원? 박… 박선영 말고. 옛날에… 사회자도 하면서, 라디오 사회자도 하면서…, 박 누구 있는데, 목소리 약간 굵고 지금 나이가 많이 드셨을 거예요. 나 아가씨 때 그 사람이 라디오 프로그램 했었는데, 그분 라디오를 우연히 들었는데, 전두환 마누라를 약간 흉을 보는 그런 게 있었어요. 거기에 내가 깜짝 놀란 거야. 아마 넥타인가 무슨 이야기를 했는데, 기억이 잘 안 나는데, 나도 그걸 막 기억하고 싶어, 그 내용을. 근데 그게 잘 안되더라고, 지나가다가 들어가지고. 그래서 저는 그런 정치에 좀 관심이 있었죠. 책을 사도 그런 식으로만 사요, 시리즈로 사고. 계속 그런 경호원 책, 경호원 책 진짜 재밌어요.

면담자          옛날에 있었던 알려지지 않은 비화 같은 것 말씀이죠?

준우 엄마       네, 그런 책을 가져와서 준우를 그런 걸 계속 읽혔어요. 그랬더니 그 사상 모드가 빨리 오더라고. [준우가] 정직하긴 정직한데 생각하는 게 약간 남들보다 빨랐어요. 얘가 초등학생인데도 불구하고 고등학생들이 하는 단어들 다 알고 빨리 안 거지. 난 계속 그렇게 책을 읽혔어요. 언제든지 문학책은 읽을 수 있지만 지금 홍길동이 문제가 아니고 신데렐라가 문제가 아니다. 그 대신 준우한테 『신데렐라』하고 『미운 오리 새끼』 읽어주는 건 시디로 많이 읽어줬어요, 잘 때랑 놀 때. 애들이 장난감 갖고 놀 때 계속 틀어주는 거야. 그리고 준우가 눈으로 볼 수 있는 책은 내가 골라주는 책만 읽은 거지.

## 5
## 준우 초등학생, 중학생 시절

**면담자**　　　아버님은 그런 거에 대해서 아셨나요? (준우 엄마 : 몰라요, 그런 걸 아빠는) 아마 아셨으면 싫어하셨을 수도 있겠어요. (준우 엄마 : 그럴 수도 있었죠) 그런 책 같은 것을 읽히기엔 좀 어릴 수도 있잖아요.

**준우 엄마**　　　애를 빨리 키우고 싶었어요, 어린 마음에 빨리 애기를 내 편으로, 내 친구로 만들고 싶었던 거지. 그래서 학교를 가도 참 신기할 정도로 애가 성숙했었어요, 아주 상당히. 선생님들 만나보면 다 놀랠 정도로 이 아이가, "엄마, 아빠가 대체 누군지 알고 싶다"고 할 정도로. 왜냐면 너무 애가 성숙하니까. 선생님들한테 전화가 와요. 하루는 초등학교 4학년 땐가? 전화가 왔더라고. "애 공부를 못 가르치겠다"고, "선생님 왜 그러세요, 우리 준우한테 무슨 문제가 있나요?" 그랬더니 화산 폭발 이야기를 했는데 준우가 거기서 말끝을 잡더라는 거야. 화산 폭발이 일어나서 그게 쭉 내려오면 그 내려오는 과정을 이야기해 달라고 선생님한테. 공룡은 왜, 화산에 대한 이야기를 하는데 "만약에 그게 내려와서 공룡은 어떻게 됐냐? 자연은 어떻게 됐냐?" 자기는 "너무 힘들다"고, "왜 엄마가 애를 이렇게 가르쳤냐?"고 막 혼을 내더라고.

　그래서 준우한테 "선생님이 이런 이야기를 하면, 준우야 그냥 많이 물어보지 말고 책에 교과서대로 알아가면 돼" 그랬더니 아니라는 거예요. 자기는 선생님이 화산에 대한 이야기를 했으면 나중에 그 화산이 공룡의 뭐냐, 아니면 트럭으로 그 화산재가 몇 개나 나왔는지 그거까지 선생님이 이야기해 줘야 하는데 " '화산이 폭발했다'고 이야기만 한다"는 거야. 그래서 "너무 속상하다"고. "화산이 흘러내려서 재가 됐을 텐데 그럼 트럭으로 몇 개가 돼요?", "그때 공룡은 어떻게 됐어요?", "그럼 지금 현재 거기 괜찮은가요?" 이런 걸 계속 물어보는 거야. 그럼 선생님은 너무 짜증 나서 진짜 화가 나서 나한테 전화를 했더라고(웃음). 그래서 "네가 너무 호기심이 많으면 책을 봐라"고 했어요. 그런데 애가 책을 보면 볼수록 학교 가서 이야기하는 공부가 재미가 없는 거죠.

　그것만 읽힌 게 아니라, 어마어마하게 준우한테는 모든 책을 다 [읽혔어요]. 그래서 내가 나중에 생각한 게 도서관에 가서, 애가 깜짝 놀란 게 도서관에 가니까 너무 책이 많은 거야. 초등학교 때는 그러다가 중학교 가서는 학교 도서관이 있었어요. 중학교 때도 보면 도서관 가서 책을 빌려오면 선생님이 정말 [놀라더라고], 중학교 1학년 때 상도 타왔더라고 "책을 많이 읽었다"고. 한 2, 300권 읽었던 거 같애 1학년 때만. 그러니까 선생님이 안대, 아이 이름을. 선생님이 자기를 "너무 이뻐해 가지고 진짜 아지트를 만들어서 아이들하고 막 장난도 치고 그랬다"는 이야기도 많이 해줬었어요. 준우는 하여튼 제가 그렇게 키웠었어요.

면담자　　　○○이는 형이랑 잘 지냈나요?

준우 엄마　　　나이가 세 살 차이라 그런가 그렇게 어울리진 못했어요. 준우는 항상 책만 보고 공부만 하고 그러니까 ○○이는 그게 이상한 거야, 형아가. ○○이는 밖에서 노는 걸 엄청 좋아했어요. 집에 오면 답답하게 형아가 앉아서 책만 보고 있으니까 그게 답답하니까 맨날 ○○이는 나가서 놀고. '큰애가 공부만 하니까 작은애는 안 해도 된다'는 생각에 약간 잘못된 생각이 있었어요. '알아서 다 하겠지 지도[준우도] 다 알아서 했는데' 그렇게 중학교를 보냈던 것 같아요.

면담자　　　준우는 안산에서 태어났나요?

준우 엄마　　　네, 안산에서 태어났어요. (면담자 : ○○이도?) 네. 그리고 준우도 태권도도 다니고 했는데, 저희가 초등학교 5학년 때, 여기 와동초등학교 다니다가 고잔초로 이사를 왔었어요. 준우가 엄청 울었어요. "1년만 더 참으면 되는데 왜 이사를 가냐?"고, "학교를 왜 내가 전학을 가야 하냐?"고. 저희는 와동중학교 보내기 싫어서 단원중학교를 택했는데 가려면 지역을 옮겨야 했었어요. 저희가 어쩔 수 없이 집을 옮긴 다음에 준우를 다른 초등학교로 입학시켰어요, 고잔초등학교로.

면담자　　　중학교 때문에?

준우 엄마　　　네, 근데 엄청 울더라구요. 그래서 "왜 우냐?"고 그랬더니 "어차피 1년만 있으면 초등학교 친구들하고 졸업을 하면 헤어질 텐데 왜 나는 남들보다 빨리 5학년 때 헤어지[게 하]냐?"고 그래서

제가 그랬죠. "준우야, 네가 남들보다 빨리 헤어진다고 생각하는 게
나쁜 게 아냐. 좋은 걸 수도 있다"고. "이 헤어지는 연습이라는 건 너
무 힘들어하지 말라"고. "네가 먼저 남들보다 빨리 겪었을 뿐인데 왜
네가 그걸 1년 있다가 겪느냐?"고. "1년 있다가 겪는 것보다, 친구들
은 1년 있다가 이 기분일 텐데 너는 5학년 때 헤어지는 건 괜찮다,
그리고 연락을 계속할 수 있다"고 아이를 설득시켰는데 그게 마음에
너무 상처 있었던 거야, 초등학교 친구들하고 헤어진다는 게. 장난
꾸러기였으니까, 준우는 장난꾸러기였어요. 호기심이 너무 많아서.
그렇게 초등학교를 갔었죠.

　　고잔초로 갔는데, 아이가 적응을 못해가지고 학교를 가기가 싫은
거야. 하루는 갔는데 "너 이름이 뭐냐?"고 물어보니까 "나는 이준우"
라고 그랬대요. 근데 자꾸 아이가 "너는 이준우가 아니라 너는 전학생
이야. 너 이름은 전학생이잖아, 근데 왜 자꾸 이준우라고 그래?" 하더
래. 그래서 "내 이름은 이준우야, 전학생이 아니야" 하는데 자꾸 아이
가 "전학생, 전학생" 그러더래. 그래서 애가 너무 화가 난 거야. 안 그
래도 기분이 안 좋은데 아이들이 자꾸 "전학생"이라고 그러니까 애가
학교를 안 간 거야. 엄마한텐 "학교 간다"고 그리고 와버리고 와버리
고 하다가 그러다가 걸린 거지, 연락이 왔더라고 선생님한테. 진짜 학
교까지 데려다주면 준우가 뒤돌아서서 나와버리는 거예요, 수업 시간
에. 몰랐어요.

　　그러다가 선생님한테 전화가 왔어요. 일주일 됐는데 "아이가 심각
하니까 큰일 났다"고. 근데 어떻게 설득을 했어요. 설득을 했는데 가
면 또 그러는 거야, 한 2주 동안을 수업을 못 하고 와버리는 거야, 애

기가. 그래서 선생님이 "이런 아이가 없었다, 지금까지. 학교를 생각해서라도 아이를 퇴학시켜야겠다. 다른 학교로 보내시라"고, 아이가 자꾸 거짓말치고 학교를 안 나와서. 준우 아빠랑 같이 설득하러 가서 이야기를 했죠. 가서 선생님한테 얘기했지 "나는 선생님[을] 보고 애기를 학교에 보냈는데 선생님이 못 가르치면서 그걸 나한테 뭐라고 하냐?"고 [그랬더니 선생님은] "왜 엄마는 애기를 똑바로 못 가르쳐서 나한테[나를] 이렇게 힘들게 만드냐?"고 그래서 "아니, 선생님 잘못이지. 나는 선생님 믿고 보냈는데 애 학교 선생님이 엄마인 왜 나한테 뭐라 하냐?"고. "이 아이는 당신이 잡으라"고. "학교에서 모든 일이 있는 건 당신이 잡아야지 왜 나한테 뭐라고 그러냐?" 내가 역으로 막 뭐라고 했지. 그러니까 선생님이 그분도 좀 다부지더라고. "그러면 이 아이를 '학교에 있는 동안 내가 내 아들'이라고 생각하고 내 마음대로 하겠다"고 그래서 "지금부터 당신 마음대로 하세요" 하고 제가 문을 탁 닫고 나와버렸어요. 근데 거기서부터 선생님이 변한 거야, 준우를 자기 자식처럼 때리고 혼내고 했던 거야. 혼자 놔두고 방에다가, 혼자 따로 불러다가 그랬더니 준우가 정신을 확 차렸나 봐.

그 선생님도 보고 싶어요. 엄청 다부지게 가르친 거야. 알고 보니까 자기는 딸만 둘이 있었대. 근데 작은아이가 준우하고 똑같더래. 자기가 먼저 겪었대, 중학교 1학년 때. 준우가 초등학교 6학년이었고 그러니까 자기가 1년 전에 겪은 걸 똑같이 준우가 하더래. 그래서 자기가 엄청 무섭게 했는데 준우가 "아, 엄마보다 더 무서운 사람이 또 있구나", 근데 너무 불쌍하더래. "집에서 말 안 듣는데 선생님까지 말을 안 들으면 안 되겠다" 싶어서 선생님 말씀을 잘 들은 거야. 그 선생님이 "[준우가] 그 말을 했었다"고 하더라고. 자기가 말을 잘 듣게 된 게 "모든 기록은 전산에 남을 거고, 이거 추후에 영원히 엄마, 아빠가 너 전산 기록 볼 거고, 너 인생에서도 이 전산 기록에 안 좋은 기록이 있으면 너 추후에 너 두고두고 안 좋을 거라고 후회하지 않는 인생을 살아라" 준우가 거기서 정신을 바짝 차렸더라고. "내 기록이 남을 줄을 꿈에도 생각 못 했다"는 거야.

그래서 그때부터 또 공부를 열심히 해서 "엄마 내가 이 아이들한테 할 수 있는 게 뭐야?" 그래서 "준우야, 딱 한 가지 있어, 네가 애들한테 따를 안 당한 이유가 딱 한 가지 있어". "그게 뭐냐?"고 해서 "공부 잘해가지고 시험 쳐서 1등 해봐. 그럼 아이들이 너를 다르게 볼 거야" 그러니까 걔가 중간고사를 쳤는데 점수가 엄청 잘 나왔어요. (면담자 : 6학년 때요?) 네, 초등학교 6학년 때. 그러니까 아이들이 보기엔 공부도 안 하고 가만히 앉아 있고 내성적인 아이가 시험을 쳐서 잘한 거야. 그때부터 애들이 눈이 똥그랗더래 '아, 이거구나' 이걸 느낀 거지. 안 그래도 공부했는데 더 공부를 잘해서 기말고사 봤는데 너무 잘 본 거야, 90몇 점이 나온 거야. 그러니까 아이들이 그때부터 준우를 따르더래, 무시도 안 하고. "사회에서 살아가는 거 봐라, 공부 열심히 해서 살아가지?" 그랬더니 그걸 느꼈다는 거야. 그 전에 학교 다닐 땐 그런 걸 몰랐었는데 그래서 준우가 좀 빨리 많이 알았었죠.

면담자  어머님께서 준우랑 친하게 교류를 많이 하셨나 봐요?

준우 엄마  준우가 좀 말을 잘 들었어요, 상당히 공부 같은 것도 말 잘 들은 게 지금 생각해 보면 그런 말 하겠지만. 옛날에 준우가 고등학교 1학년 때 나한테 그런 말을 하더라구. 이야기가 또 거꾸로 올라가는데, 고등학교 1학년 때 나한테 가만히 이야기를 해요. 아, 그 이야긴 좀 이따 해야겠다, 그 당시 이야기는. 준우가 초등학교 때 기억에 남는 게 책[『금요일엔 돌아오렴』]에도 보면 있겠지만, 준우가 그림을 그렸는데 하루는 막 화를 내는 거예요. "왜 화를 내니?" 그랬더니, "선생님이 그림을 그리래서 나는 그림을 그렸는데 선생님이 나를 하루 종일 뭐라 했다"는 거야. 그래서 "무슨 그림을 그렸니?" 그랬더니, "초가집을 그리라"고 했는데 "초가집 사진 한 장 갖다 놓고 너희들이 앞뒤 보고 옆면을 그리라"고 했는데 준우는 네모만 그려놓고 자버렸대. 선생님이 아주 뭐라고 그랬대, "기분 나쁘다"고. 그래서 "이게 뭐냐?" 그랬더니 "지붕"이라고 했대 "나는 하늘에서 본 모습만 그렸다"고, "선생님이 하늘에서 본 모습 그리지 말고 옆면만 보라고 했잖아" 그래서 "더 그랬다"는 거야. "왜 선생님은 그 눈에 보이는 앞면, 옆면만 보라고 하냐?"고. "나는 위에서도 분명히 보는 방법이 있는데 왜 선생님은 그걸 생각을 안 하냐?"고 그래서 싸워가지고 왔는데 화가 난거예요, 그 어린 것이. 그리고 준우가 제일 좋아하는 게, 지금도 있지만 마술을 좀 잘했어요. 마술이 어떤 건지 알잖아요, 호기심 시키고[키우고] 집중을 시켜준다는 거, 그때는 온 시선이 나한테 온다는 거.

**면담자**   어머니가 가르쳐주셨어요?

**준우 엄마**   아뇨. 혼자 터득한 거죠, 책을 보고. 마술을 하면 그 시간은 나의 시간이 된대. 그리고 "사람들이 내 손끝 하나하나에 눈동자하고 말이 다 나온다"는 거야. 말도 잘하니까 아주 손놀림도 잘 했죠. 그래서 학예회 때 그런 걸 좀 많이 했었어요. 남들은 노래 부르고 태권도 하는데 준우는 태권도 하고 2차로 항상 마술을 해가지고 지가 마지막에 그런 거 하고. 선생님한테 많이 혼도 났죠. 남들은 다 장기자랑 연습하는데 준우 혼자만 항상 집에 가버리고 없어져서. "마술이라는 건 엄마, 보이면 시시하잖아" 항상 그랬어요. 선생님이 나중에서야 "준우 비밀을 알았다"고 전화도 많이 오고 많이 웃고 그랬었죠, 선생님들하고 그런 것도 있고. 그리고 나는 준우를 좀 특이하게 키웠던 게, 내가 특이하게 키웠는진 모르겠는데, 준우가 학교 다니면서 제일 고마워하는 사람이 영어 선생님이더라구요, 영어 선생님.

**면담자**　　중학교 때요?

**준우 엄마**　　아니요, 초등학교 6학년 때. 준우가 그쪽으로 이사 가면서 학원을 보낸다고 영어학원을 보냈는데, 준우가 영어를 한 번도 안 했었어요, 태권도만 다녔어요. [제가] 직장 다니면서 "영어 공부 중학교 들어가면 그냥 하겠지" 했는데, [남들은] 애기 때부터 "영어, 영어" 하길래 나는 별 신경을 안 썼어요. 피아노학원 보내면 그럼 다 피아노 쳐야 하나? 내가 가만히 보니까 미술하고 피아노학원 다니는 애들이 나중에 커서 미술 하는 애들도 없고 피아노 하는 치는 애들도 없더라고. '굳이 뭐 피아노학원을 왜 보내? 굳이 미술학원을 왜 보내?' 그렇게 생각했죠. 영어학원도 안 보낸 거예요. 내가 "영어도 다음에 하겠지, 뭐. 굳이 영어를 왜 애기 때부터 돈 들여서?" 그랬는데, 얘가 학원을 갔는데 초등학교 6학년 때 영어학원 보냈는데 선생님한테 탈락 맞은 거예요. "집에 가라"고 하더라고, 나랑 같이 갔는데.

수학을 좀 잘해요, 준우가 상당히 애기 때부터. 근데 선생님이 그러는 거야 "이 아이 못 가르친다"고, "학원에 돈도 없는 것도 아니고 우리 학원에 애들이 없는 것도 아닌데[아니니까] 준우를 못 받겠다"는 거예요. "왜 그러시냐?"고 했더니 애기가 바나나밖에 모른대. 그래서 "바나나 알면 많이 아는 거지 뭘 아냐? A, B, C, D도 아는데" 그랬더니 자기가 "머리 아프게 이 아이 가르치고 싶지 않다"는 거예요, "나가라"는 거예요, 나보고. 근데 거기에 너무 자존심이 상한 거예요, 준우가 화가 많이 났더라고. 그래서 선생님한테 "수학 한번 풀어보라"고 하니까 "수학 잘하는 건 상관없다니까", "아, 한번 풀어봐라". 근데 준우가 수학을 푸는데 이면지에다가 가득 채운 거야, 그 문제 공간을 선생님이 못 볼 정도로. 아이가 화가 난 거지. 근데 애가 수학을 푸는데 너무 잘 푸는 거야. 그래서 선생님이 깜짝 놀라더라고. 이렇게 "수학을 집중하고 풀고 이 문제 다 풀 정도로 이런 아이는 못 봤다"는 거야.

그러더니 "한번 애기를 키워보겠다"고 그러더라고, 자기가. 그래서 아무것도 몰랐는데 선생님한테 전화했지, 그럼 준우를 유치부부터 시작하겠대. "영어 수업을 계속 들어가게 하고 자기들이 가르치진 않을 거"래, "혼자 터득하게 해서[하겠다고]". "그렇게 하라"고 했는데 [준우한테] "기분이 많이 상하니?" [라고 물어보니] "기분 상하지 않아요, 어쩔 수 없죠" 그러는 거예요. "엄마가 하라는 대로 했는데 어쩔 수 없죠". 그래서 하루는 이렇게 생각했죠. 한두 달 다니니까 초등학교 3학년 과정을 들어가더라고, 준우가 좀 빠르더라고. 애가 자존심이 너무 상하니까 집에서 공부를 하더라고. 그래서 선생님이랑 상담했죠, 준우가 이건 아니다 싶어서 "같은 6학년 교실에 올려주고 준우를 과외해 달라, 10만 원 더 줄 거니까". 그래서 과외를 했는데 준우가 복습을 한 거예요. 영어를 오늘 배운 거를 준우가 봐, 보면 남아서 복습을 하고 집에 와서 또 복습하는 거야, 그리고 예습을 또 해요.

그게 자존심이 너무 상한 거야. 아이들은 벌써 단어 6단어, 7단어 교재가 있는데, 다 올라가는데 준우는 아직도 초등부를 갖고 있는 거야, 애들은 벌써 중학교 과정을 다 갖고 있는데. 그래도 내가 보냈어요. 자존심이 너무 상해가지고 한 3개월을 복습하고 예습하고 복습하고 예습하고 하니깐 애들보다 더 빨라버린 거예요. 준우는 아이들 과정이 6단어, 7단어 공부할 때, 준우는 예습 복습 예습 복습 하다 보니까 9단어까지 예습 복습을 해버린 거야. 준우가 남들보다 단계를 뛰어버린 거야, 선생님 눈에 그게 확 띈 거야. 그래서 선생님이 하루는 그랬대. "네가 너무 단계가 느니까 내가 학교에서 배웠던 모든 노하우를 너한테 가르쳐주겠다". 준우가 번뜩한 거야. 그날부터 예습 복습을 계속했는데 나중에 알고 보니까 애가 너무 잘하는 거야, 일반 6학년보다 더 단계를 뛰어넘은 거지. 그래 갖고 "정말 그 선생님한테 감사하다"고, 자기가 중학교 올라가서 그렇게 이야기를 하더라고. 근데 "나중에 연락처 알아봤더니 연락처가 없고 그 학원도 문을 닫았더라고" 그 말을 하길래 "한번 연락을 해봐야겠다" 했는데 없고. 중학교 올라가서는 이제 식은 죽 먹기였지, 영어가 그때부터.

한번은, 이 학원은 초등학교 학원이라 다른 추천을 받아서 다른 신도시 쪽으로 학원을 보냈어요. 그날은 제가 직장을 와가지고 일찍 조퇴해서 택시를 타고 준우랑 같이 학원을 갔는데, 7시에 원장님하고 상담하기로 했는데 내가 7시 5분인가 도착을 했어요, 택시가 밀려서. 직장이 끝나야 하니까. 근데 없더라고, 원장도 없고 아무도 없는 거야. 그래서 내가 "원장 선생님 어디 갔냐?"고, "나 지금 상담하러 왔는데 너무 기분이 나쁘다"고, "우리 아이랑 택시 타고 왔는데 이거 어떻게 된 거냐?"고. 근데 선생님이 5분 기다리다가 식사하러 가셨다는 거야. 애기 엄마는 여기 앉아서 선생님 기다리래, 밥 먹고 오는 동안. 너무너무 화가 나서 30분을 앉아 있었어요. 그랬더니 식사를 하시고 오시더라고 그래서 뭐라고 했지. 그랬더니 거기다 더 뭐라고 하는 거예요. 나보고 "7시에 만나기로 했으면 만나지 왜 안 왔냐?"고 그래서 너무 화가 나서 준우가 "가자"는 거예요. 그래서 아니라고 여기서 너도 한번 남들이 [어떻게 하는지 보라고], 신도시다 보니까 좀 컸어요, 학원이 강남식으로.

[테스트를] 이렇게 푸는데 자기 맘에 들었나 보더라고. 영어를 또, 기를 죽이더라고. 기존에 자기네들한테 계속 온 애들이 있는데 "준우, 이 정도면 무난하겠네요" 이러더라고. 거기서 기분이 확 나빴는데, "수학을 풀라"고 했는데 너무 화가 난 거예요. 준우가 수학을 풀었는데 정말 수학선생님이 고만 좀 하라고 할 때까지 풀어버린 거예요. 어느 정도 준우가 수학을 푸냐고 하냐면 1번에 답이 있어요. 100 곱하기, 나누기 보통 보면 예를 들어서 20 곱하기, 나누기 퍼센트 해가지고 정답은 1번 100, 2번 150, 3번 130, 4번 155, 5번 160 이 답을 고르는 건데, 이 문제를 자기네 학원에서 만들었고 이 정도 애들은 충분히

푼대. "학원 애들은 충분히 풀고 남는 건데 네가 한번 풀어봐라" 이래서 "이거 학원에서 낸 문제예요?" 그랬더니 "학원에서 낸 문제"라는 거야. "선생님이 냈어요?" 그랬더니 "선생님이 냈다"는 거야. "그래?" 그래서 준우가 딱 풀더라고. 근데 걔가 안 끝나는 거예요, 계속. 이면지가 시키면 거야, 애기가 계속 이면지에다가 갖다 쓰는 거야. 뒤에도 넘기고 그래서 선생님이 "스톱해라. 너 왜 문제 안 풀고 계속 딴짓하냐?"고 그랬더니 뭐라 했게요, 걔가? 문제를 풀면 나는 "정답이 3번" 이래, 3번인데 선생님이 "이 문제를 만들었다"고 하길래 어떤 정신으로 만들었는지, 그러니까 정답은 150인데 선생님이 99라고 했던 이유를 알기 위해서 99를 계속 계산하고 있었던 거야. 그리고 2번을 봐, 2번은 100이야. 그럼 선생님이 어떤 내용으로 100이 나오게 만들었는지 거기에 대한 100을 계속 풀고 있는 거야. 그러니까 이 아이가 정답은 알고 있는데 정답은 먼저 체크를 해놓고 나머지를 계산하는 거예요. 그래서 선생님이 거기서 "놀래버렸다"고 하더라고. "이런 애기일 줄은 몰랐다"고, "무슨 말이냐?"고 하니까 "왜 선생님이 이렇게 예시를 했는지 이유가 있었을 거 아니냐?"고 물어보더라고 원장님한테. 그 쪼끄만 초등학생짜리가 중학교 이제 들어갔는데. 그래서 선생님이 깜짝 놀란 거예요. "선생님이 그렇게 잘나고 이렇게 큰 학원에서 문제를 그냥 내지는 않을 거 아니에요? 나한테 풀어보라고 할 때는 방법이 있었으니까 풀었을 거 아니에요. 선생님이 그냥 100이라고, 정답이 아닌 100이라고, 선생님이 그냥 100이라고 넣진 않았을 거 아니에요. 이유가 있었을 거 아니에요. 나는 이유를 찾을 거예요" 이러면서 거기서 안 일어나고 계속 푸는 거예요, 애가.

그러니까 선생님이 놀래더라고. 선생님이 너무 놀래가지고 "이 아이를 가르치겠다"고 그래서 가르쳤는데 그냥 보통 일반 반으로 갔어요. 중학교 1학년 때 일반 반으로 갔었는데 애기가 좀 아깝더래, 생각보다 말귀를 너무 알아먹더래 영어고 뭐고. 그래서 애를 갑자기 "S반으로 넣는다"는 거야. 근데 금액 차이가 한 10만 원 차이가 났었어요, 일반 반이랑 S반 차이. 준우가 "안 된다"고 했어요. 나는 "중간고사볼 때까지는 안 된다, 선생님들이 무슨 재주로 준우를 S반으로 보내냐? 나는 싫다"고. "우리 아이가 중간고사 봐서 점수 나오는 거 봐서내가 당신들 인증하겠다. 학원 보낸 목적이 나는 시험을 봤을 때 점수잘 나오기 위해서 학원을 보낸 거지, 당신들 말 믿자고 하는 거 아니니까 그냥 놔둬라, 중간고사까지".

그랬더니 이 선생님들이 나 몰래 한 2주를 시켜본 거야, S반을. 근데 준우가 일반 반에서 할 때 선생님이 별로거든. 근데 S반에서 하니까 아주 틀리거든[다르거든], 자기가 알아먹는 게. 그래서 2주 동안S반에서 공부를 하다 보니까 애가 일반 반을 못 가는 거야. 선생님이다르더래, 영어, 수학 모든 문제가 선생님이 딱 나눠져 있더래. 선생님을 무시하는 건 아닌데 공부 난이도가 완전히 틀린 거야. 같은 학원비 내고, 준우는 같은 학원비인 줄 알았던 거야, "같은 학원비를 내고왜 난이도가 틀린지 이해가 안 된다"는 거지. 그래서 전화가 왔어. "애기를 S반에 자기들이 몰래 한번 보내봤는데 너무 적응을 잘 하길래그냥 S반 가야겠다"고, 준우가 "더 이상은 안 되겠다"고 그러는 거야.그래서 내가 "준우야, 어떻게 할까?" 그랬더니 "S반 가야 할 거 같아,엄마" 그러는 거야. 그래서 선생님한테 "정말 애기한테 진짜 잘해줄 거냐?"고, "점수 100점 나오게 해줄 거야?"고 그랬더니 알았대. 근데 그때도 10만 원 차이이면 큰 차이에요, 엄청 큰 차이에요. 왜냐면 작은 애도 학원을 다녔기 때문에, 내가 직장을 다닌 게 애들 학원비는 벌어 주기 위해서 다녔던 거예요. 진짜 비쌌어요, 100만 원 좀 안 됐어요, 교재까지 하다 보면. 근데 걔가 중간고사 치고 학원을 그냥 기분 나빠서 바로 때려쳤어요. 선생님한테 말도 안 하고, 말 한마디 안 하고.

**면담자**　　　왜요?

**준우 엄마**　　　시험을 쳤는데 점수가 안 나왔어요. 선생님들이 너무 흥분을 한 거야. 중간고사 쳤는데 "준우는 100점일 거"라고 선생님 들이 먼저 오버를 떠는 거야, 전화해서. 하루는 준우가 점수를 가져 왔더라고. 근데 내가 생각했던 점수가 아닌 거야. "이게 왜 그러지? 준우야, 왜 문제를 이렇게 못 맞췄니?" 그랬더니 "엄마, 나 시험기간 동안 고등학교 1학년 공부했어". 선행학습을 한 거야, 애가 너무나 잘 풀더래 애가 너무 잘 푸니까 시험기간을 무시하고 애를 자꾸 2, 3학 년 수업을 가르친 거야, 영어하고 수학을. 선생님이 그러더라고, "애 가 너무 빨라서 자기네는 1년 정도 선행학습을 하는데, 준우가 학원 을 늦게 들어와서 자기들이 선행을 시키겠다" 하길래 나는 그 선행 이 뭔지 몰랐어요. 준우가 나중에 "너 왜 이렇게 점수 안 나왔어?" 내 가 혼내니까 "엄마 나 중간고사 기간에도 자꾸 선행 공부했어, 중학 교 3학년 거 공부했어, 2학년 거 공부했어" 그러는 거예요. 내가 놀 랬지, 나는 본 게 학교에서 나오는 점수를 봐야 하는데 학원 점수를 보자는 게 아닌데, 학원에서 점수는 무조건 100점 나오는 거예요.

모든 학교 거를 다 풀어봐도 준우는 무조건 100점이래. 근데 학교 점수를 봤는데 내가 너무 놀랜 거예요. 그래서 "준우야, 아니다. 학원 다닐 필요가 없을 거 같아. 네가 왜 여기 충실해야 해? 네가 왜 먼저 그렇게 공부하니? 난 선행 싫다. 집에서 그냥 복습하고 옛날처럼 하자" 그래서 준우가 그만뒀어요, 바로 중학교 1학년 때 한두 달 다니다가 학원을. 근데 그 말을 하더라고. 학원을 두 달 다니면서 제일 기분이 좋은 게 하나 있었대. "뭐?" 그랬더니 학원이 강당에서 대학교 다니는 거 기분이었대. 학원 보통 다니면 쪼끄마한 학원에 콩나물처럼 막 애들 [많은] 그런 학원을 다녔던 거야. 어린이집이고 뭐고 그런 데만 다니다가 이런 [넓은] 강당에서 한 거야. 신도시니까 건물도 있었고 빌딩이었으니까. "엄마, 자꾸 방송에서 우리들 나오래. 쉬는 시간이라고 방송에서 뭐 해줘, 강의실로 가라"고. 강의실이라고 해서 근데 자기가 대학교 다니는 기분이었대, 그래서 너무너무 좋았대. 선생님도 엄청 많았고 외국 선생님도 있었대. 그래서 "기억에 제일 남는 게 그거"라고. "그래도 엄마, 재밌었어" 그런 말을 하더라고.

근데 내가 너무 자존심에 [학원을] 그만두게 해서 아빠랑 많이 싸웠어요, "더 보내지?" (면담자 : 아버님께서는?) 응, 근데 그게 아니더라고. 나는 그게 아닌데, 엄마 욕심에는 학교 성적이 되게 중요한 건데. 그래서 그만두고 준우를 집에서 가르쳤죠. 집에서 했는데 "학원 다닐래?" 그랬더니 학원 더 이상 안 간대. "엄마 돈도 많이 들고 나 그냥 집에서 공부할래" 그러길래 "그냥 공부하라"고 했죠, 기본은 하니까. 그냥 기본은 하더라고 교과서 보고 기본은 하고. 그래서 [내가] 항상 하는 말이 "학원 안 다니는 대신에 선생님 눈동자만 쳐다보라"고, 공부할 때 그러니까 애가 선생님 눈동자만 쳐다보고.

엄마가 직장을 다니니까 공부는 엄마한테 안 물어볼 거래. "엄마
는 너무 많은 일을 하니까. 할머니 댁에도 가야 하지, 직장도 다녀야
하지, 빨래도 해야 하지, 아빠 밥도 챙겨야 하지, 우리 챙겨야 하는데
내가 어떻게 엄마한테 공부까지 물어보겠냐?"고, 나는 "선생님한테
다 물어볼 거"라고. 그래서 걔가 공부하다가 막히는 거는 체크해서
선생님한테 다 물어보더라고. 저는 어렸을 때 애기를, 준우를 가르친
게 "학교 가면 선생님이 무조건 부모님이다" 이렇게 어렸을 때부터
가르친 거였지. 근데 그게 통했던 게 준우가 중학교 다닐 때도 학원
을 안 다녀도 성적이 상당히 잘 나온 게, 잘 나온 게 아니라 내가 만
족할 정도로. "엄마 이번에 시험 치면 이 정도 나올 거예요" 그러니까
"많이는 안 나와도 그냥 80점만 유지해", "엄마 그럼 저는 80점만 유
지할 거예요". 근데 제가 보니깐 더 이상도 가고 올라가면 안 되는
게, 이 80점만 충분히 맞아도 상위권에 든다는 거야, 그러니까 "엄마,
더 이상 욕심을 내지 말라"고 하더라고. "85점까지 가보자"고 했더니
그것도 아니래. "이건 초등학교랑 틀려서 그 선에서만 지키면 된다"
는 거야, 자기 룰을. 그러기에 그냥 그렇게 인정했지, 부모 욕심은 더
했으면 좋겠는데 '아이가 무슨 생각이 있나 보다' 넘됐어요.

나중에 이런 말을 하더라고요. 나중에 시간이 지나고 고등학교를
갔는데 "엄마, 나 단원고 갈게요" 그러는 거야. 그래서 "왜 단원고를?"
그랬더니 "내가 엄마 몰래 나 혼자 자기 주도 학습을 했어요" 그러는
거야. 그래서 "왜 자기 주도 학습을 했니?" 그랬는데, 항상 집에서 문
제를 풀고 노트 정리를 하더라고 그래서 나는 학원을 안 보냈지. 그래

서 "왜 그렇게 했니?" 했더니, 하도 테레비[TV]에서 자기 주도 학습 방송을 그렇게 하더래. 옛날에 아빠가 담배를 끊은 게, 하도 테레비에서 금연 광고를 엄청 심하게 했었어요. 그때 준우 아빠가 그렇게 얘기를 했어요, 애들 앞에서. "저렇게 담배가 몸에 안 좋으니까 담배를 끊으라고 저렇게 광고를 나라에서 저렇게 하는구나, 그러면 얼마나 안 좋길래 광고를 하겠니?" 그래서 준우 아빠가 담배를 끊었어요, 애들 앞에서. 지금도 담배를 안 펴, 그게 벌써 10년 넘었지.

그러니까 준우가 그 말을 하더라고 똑같이, 지금 생각해 보니까. 그때 이명박 시절이었나? 자기 주도 학습이 상당히 난리였어요. "얼마나 자기 주도 학습이 저렇게 소중하면 저렇게 하라 그럴까, 방송에서 저렇게 할 정도면 엄청나게 좋다는 거야", 그러니까 자기도 주도 학습을 해야겠대. 그래서 엄마 몰래 자기 주도 학습을 내가 해봤대. 3년 동안 실천을 해봤대, 내 모르게 걔는 혼자 그렇게 한 거야. 보통 부모들이 자기 주도 학습을 하게 만들어야 하는데 엄마는 직장을 다니고 거기까지 미안해서 건들지 못하니까 자기가 주도 학습을 하고 문제를 풀어서 그걸 한 거지.

수학은 잘했던 거 같아. 그래서 수학문제집 같은 것도 안 샀어요, 준우가. 내가 수학 같은 것도 내가 골라줘요. 골라주면 준우는 "엄마가 골라준 거"라고 그걸로 공부를 해요. 문제집을 내가 일일이 가서 골라요. 내가 고르는 게 아니라 서점 가서 "요즘 애들이 잘 나가는 거 골라주세요" 그러면 세 개 중에 내가 준우가 풀 수 있는 내용을 봐요. 문제풀이가 있는 게 아니라, 내가 못 도와주니까 풀이가 있는 걸 많이 봤어요. "엄마가 못 도와주니까 시간이 없으니까 그래서 풀이를 보고 정답을 보고 네가 해라, 정답 안에 답이 있으니까 항상 풀어볼 때 막히면 답을 먼저 보고 풀으라"고 했어요. 항상 "남들은 풀고 답을 보는데 너는 답을 먼저 보고 풀어라. 너 혼자 풀어봐야 하니까" 이렇게 자꾸 말했더니 그렇게 했더라고. 그래 가지고는 공부를 했는데 생각보다 [잘했죠]. 영어는 중간에 100점도 맞아 오고 수학도 내가 볼 때는 많이 안 틀려, 한두 개 틀리고. 그 대신 다른 과목은 안 해요, 미술, 국어, 그런 건 안 해요. 그러니까 점수는 안 나와. 그 두 개만 점수가 나오길래 '뭐 이정도면 됐지'라고 생각을 했었는데 그렇게 갔죠.

컴퓨터를 하길래, 난 그냥 공부해라[라는 말 대신] 약간 "게임해라" 이런 스타일, 아빠는 "절대 안 된다"[는 스타일]. 그래서 "아빠 없을 때 그 게임 실컷 밤새 해라" 난 이런 스타일. 근데 지가 게임을 한 게 아니라고 [자기 주도 학습을 했다고] 고등학교 들어갈 때 그런 말을 하더라고. 고등학교 1학년 들어갈 때 "단원고를 왜 갈 거니? 엄마는 단원고 가는 거 싫은데" 그랬더니 "엄마, 단원고는 제가 결정해요" 그래서 "왜?" 그랬더니 "3년 동안 주도 학습을 한 이유가 단원고 가서, 단원고가 다른 데보다 약하니까 자기가 1등급을 받을 거"라고 자기는 자기 계획한 게 있대. 그리고 "자기 주도 학습한 걸 실천해 보겠다"고. 근데 등급받기가 상당히 좋은 게, 1등급을 다 받아야 할 이유가 있대, 자기는. 그래서 단원고를 가게 됐고, 단원고를 갔는데…. 좀 말이 길어지죠? 앞뒤가 안 맞죠? 너무 말을 많이 했나 봐.

준우가 가출도 많이 했는데, (면담자 : 언제요?) 초등학교 때. 초등학교 때 가출을 했어요. (면담자 : 전학하고?) 아뇨, 전학 안 하고[전학 전에]. 왜 가출했냐면 아빠가 항상 엄하게 가르쳤어요, 아들만 둘이니까. [우리 둘 다] 직장을 다니까, 생각해 보니까 우리 애들은 옷을 혼자 입었어요, 내가 직장을 다니면 항상 해줄 수가 없으니까 옷도 혼자서 입고 내복도 혼자. 그니까 애기 때부터 교육을 그렇게 가르친 거야 "엄마가 직장생활 해야 하니까 옷도 한번 네가 입어봐", "내복도 한번 네가 입어봐". 신발도 처음부터 "네가 신어". 맨날 신발 거꾸로 신고 다녔어요, 우리 아이들은. '불편하면 바꿔 신겠지. 아직은 반대로 신어도 안 불편하니까 그렇지만 나중에 발이 불편할 거'라고 생각하고 냅뒀더니. 그러니까 어렸을 때부터 그렇게 키운 거예요. 내가 직장생활을 해야 하니까 항상 애들을 홀로 [설 수 있게] 키웠어야 해. 나는 아이들을 그런 방식으로 키웠던 거야.

준우는 애기 때도 우유병 빨면 혼자 방에다가 놔둬요. 캄캄한 방에다가 "이건 네 방이니까 여기서 우유를 먹어야 돼". 다른 사람들은 나보고 "너무 야비하지 않냐?"고. 근데 ○○이도 똑같이 키웠어요, ○○이도 캄캄한 데서 혼자 키워요. 준우더러 "키우라"고 하면 키우는 거야. "○○아, 여기서 우유 먹어야 돼" 그러면 준우가 가서 쳐다보고 있었고. 그러니까 큰방에서 우유를 안 먹이고 항상 작은방에서 "여기가 우유 먹는 너네 방이야. 손님이 오면 항상 방에 들어가서 나오지 마. 너희가 피해를 주면 안 돼. 항상 어른들 보면 인사를 해" 그러니까 항상 잔소리를 했어요. "인사해, 고맙습니다 말하고, 항상 감사합니다 말하고 10번을 보면 10번을 인사를 해" 이렇게.

슈퍼에 가면 아저씨들이 우리 아이들 정말 싫어했어요. 인사를 너무 90도로 하니까 이 슈퍼 아저씨가 조폭인 줄 알았대, 동네 사람들이. 하도 준우가 고개를 숙이고 천천히 "안녕하십니까?" 하고 한참 있다 일어나. 돈을 주고 나오면 또 [인사하고] 그래서 이 슈퍼 아저씨가 "조폭이라고 소문"이 났대. 우리 준우가 하도 10번을 보면 10번을 다 하길래, 갈 때마다 그래서 "슈퍼에 소문이 났다"고 하더라고. 근데 걔가 할머니를 보면 [인사를] 10번을 해, 할머니가 화장실 갔다 왔는데 나올 때 되니까 또 인사를 하고. 학교에서도 많이 그랬대, 학교에서도 하도 선생님을 보면, 교장선생님이 바지만 내려도 "안녕하십니까?" 눈에 보이면 "안녕하십니까?" 그러니까 선생님이 나중엔 "인사하지 말라"고. "화장실에선 인사하지 말라"고 해서 "엄마, 화장실에선 인사 안 해도 돼?" 그래서 "웅" 그랬더니 그제서야 "알았다"고 그러고.

　하루는 집을 나간 거야, 퇴근했는데 애들이 없어. 근데 상을 예쁘게 해놓고 신발을 가지런히 해놓고 나가고 없더라고. 그래서 잠깐 놀이터 갔나 보다 했는데 놀이터에도 없는 거예요. 난 아빠가 잠깐 데리고 나갔나 보다 했는데 아빠도 없는 거야, 9시가 넘었는데. (면담자 : 몇 학년 때였어요?) 그때가 한 5학년? 4학년? 그때가 살인사건이 엄청 많았을 때였어요. 아이들 살인사건이 좀 있었던 거 같아. 너무 놀란 거예요, 9시 반이 됐는데도 안 들어와. 그래서 경찰에 신고했죠. 경찰에 신고하고 학원에 전화해 보고 친구들 전화해 보고. 그랬더니 친구들이 "예전에 산 위에 올라가서 놀았다"는 거야. 거기다 아마 박스 깔아놓았을 거래. 거기 "아마 박스에서 자고 있지 않을까" 막 그러는 거야, 여름이었는데. 그래서 산에 올라갔더니 신발 한 짝이 또 있는 거예요. 혹시 준우 건가? 했는데 아닌 거예요. [친구들이] "옛날에 준우가 여기서 많이 잤어요. 학교 끝나고 산에 가서 우리 놀다가 박스 깔아놓고 잤어요" 막 그러는 거야. 그래서 경찰에 신고했지. 학원 다 나오고 동네 사람들 다 나가서 찾았어요, 막 언니 집에 전화를 하고.

저희 친정 엄마가 그때 왔었는데 숙제를 안 해놨대, 얘네들이 숙제를 안 했는데, 애들 아빠가 "숙제해" 했는데 숙제를 안 한 거예요. 그러니까 작은애가 아빠, 엄마 올 시간 되니까 나간 거예요, 무조건. 밥을 먹어야 하는데 [○○이가] 밥을 안 먹고 그래서 준우가 "어디 가니?" 그랬더니 "응, 나 엄마, 아빠 오면 나 혼날 거니까 나 집 나갈래" 그러더래. 그래서 준우가 집 나가기 전에 밥도 안 먹고 그래서 엄마가 힘들까 봐 신발 정리 다 해놓고 밥을 다 덮어놓고 나간 거예요. "잠깐만 기다려봐" 이러고 다 준비를 해놓고 나간 거예요. (면담자 : 둘이 같이?) 네. 이모 집이 좀 멀었었는데 아빠 차로 이모 집에 갔던 그 거리가 있었어요. 그거를 기억하고 그 거리를 작은애가 걸어가더래. 그래서 "너 어디 가니?" 그랬더니 "형아, 나 집 나갈 거야" 그 쪼끄만 것이, 3학년짜리가. 2학년인가? 1학년인가? 쪼끄마할 때. 준우가 세 살 차이 나니까. "나 집 나갈 거야" 그래서 "너 집 나갈 거야?" 그랬더니 "응, 나 집 나갈 거야, 형아" 그러더래.

그래서 너무 걱정이 돼서 졸졸 따라갔대요, 뒤로. 그랬더니 아빠 차로 이모 집을 가는 걸, 이렇게 돌아가는 길을 똑같이 돌아가더래. 그때 이모 집에 할머니가 있었어요. 그걸 알고 있었던 거야, 아이들이 한 30분을 걸어갔대요. 한 30분을 걸어서 이렇게 이모 집을 쳐다봤더니 이모 집에 불이 켜져 있더래. 근데 생각해 보니까 이모 집에 들어가면 이모가 엄마한테 전화할 거 같더래. 그래서 한참 둘이 밖에 서 있다가 한 30분을 서 있었대요. "이모 집에 들어갈까 말까, 들어갈까 말까" 하다가 안 되겠다 싶어서 한 10시가 넘어서 다시 또 집으로 왔대요, 그 길을 똑같이 따라서. 집에 오니까 10시 반, 11시가 다 된 거야. 나중에 막 찾았는데 삼촌이 찾은 거지. 저쪽에서 꼬마가 둘이 걸어오더래. (웃으며) 집을 나갔는데 나갈 데가 없어서 다시 들어왔대. "이모 집은 왜 쳐다보고 왔냐?"고 했더니 "이모 집에 찾아가면 엄마한테 전화할까 봐 30분을 고민하다가 왔는데 ○○이가 다시 집에 가자"고 하더래(웃음). 그래서 온 거래. 준우는 말도 못 하고 ○○이만 졸졸 따라다닌 거야. 나는 벌세웠지, 막 혼내고. [그런데] "혼내기 전에 밥 좀 먹재", "왜?" 그랬더니 "너무 배고프다"는 거야. 하루 종일 걸어다녔더니(웃음). 그래서 밥 먹여놓고 벌세우고 진짜 잠 안 재우고 2시간은 손들게 하고. 둘이 막 그랬더니 벌서면서 자더라고 애들이. "왜 [○○이를] 따라다녔니?" 했더니 동생이 걱정돼서 계속 따라다녔대. 근데 애가 보니까 집을 나갈 거 같더래, 그래서 할 수 없이 집에 가잔 소리도 못 하고 졸졸졸 따라 다녔대.

그런 이야기도 있었고, 옛날에 내가 많이 좀 혼냈어요. 싸우다 보면 혼내잖아요, 애들 말 안 들으면. 혼내면 놀이터 가서 놀고 있고. "너 왜 집 나간다면서 놀이터에 앉아서 그네 타고 있냐?"고 하면 "나갈 데가 없더라"고. "근데 엄마, 내가 나가도 집에 들어올 거 같으니까 그냥 놀이터에서 놀고 있으면 엄마가 찾을 거 같아서". 그리고 좀 많이 싸웠어요. 많이 싸우고 많이 울고 준우랑, 너무 화가 나면 그렇잖아요, "내가 막 집을 나가겠다"고, "느그들 때문에 엄마가 나가겠다"고. 아들 둘 키우면 목소리가 커져요.

내가 진짜 화가 나서 막 우산 쓰고 나갔어요. 비 오는 날 하루는 그랬더니 준우가 "잘못했다"고 빗속에서 막 빌면서 "말 잘 듣겠다"고 그런 적도 있었고. 키우다 보면 말 안 듣는 게 좀 기억에 많이 남죠, 때리고 그랬던 거. 칭찬해 준 것보다도 막 화냈던 게, 지금 생각하면 살아 있을 때는 잘했던 것만 기억했어요. 근데 준우가 없고 난 다음에는 못 해준 것만 미안한 것만(눈물을 훔침).

하여튼 그렇게 교육을 시켰던 것 같아요. 많죠, 준우 이야기 하라고 하면 끝이 없죠. 초등학교 운동회 때부터 시작해서 그렇고. 학교도 잘 다니고 중학교 시절도 되게. 중학교 이야기 하자면 친구들 이야기가 많은데 그것까진 못하고, 준우 같은 경우는 중학교 시절도 어마어마했어요. 하루는 "엄마, 무슨 방과[후]수업을 할까?" 엄마한테 그래요. 그래서 한번 "표를 가져오라"고 했더니 다 있더라고. 공부는 싫으니까 "뭘 할까?" 그래서 너 하고 싶은 거 하라고 그랬더니, 1학년 때는 좀 공부 위주로 시켰던 거 같고. 방과후수업을 2학년 때는 "엄마, 뭘 할까?" 그러는 거야. 그러면서 "다른 건 다 찼다"는 거예요, 좋은 거는. 근데 만화 그리기가 있더라고. 그래서 "준우야 만화 그림 그려봐, 너 미술학원 한 번도 다녀본 적 없는데" 우리 아이들을 만화를 그려도 졸라맨만 그렸어요. 그때 졸라맨이 엄청 유명했어요, 졸라맨만 그렸는데 내가 봐도 우리 아이들은 정말 그림을 못 그려요, 학원을 다닌 적이 없으니까. 그래서 내가 "준우야, 그림 만화 그리기가 있네. 네가 한 번도 학원을 못 다녀봤으니까 선생님한테 한번 배워봐" 그래서 그때 만화 그림을 그렸는데 재밌었나 봐요. 왜 우리 본떠가지고 그림 똑같이 그리는 거 있잖아요, 어렸을 때 그것처럼 그리기 시작하더라고. 아이가 보니까 만화 그림을 그리는데 너무 재밌는 거야. 그래서 나는 또 내가 책을 사줘요, 따로. 기본 그림 바탕 책을 사주면 준우가 집에서 막 따라 그리고.

그것도 지금 있어요. 그런 그림 그리면서 재밌는 거야. "뭐든지 수학처럼 공식이 있다? 가만히 미용사 아줌마 보면 머리 자르는 거 다 공식이 있다? 그리고 그림 그리는 것도 다 공식이 있어 쉬운 거야" 그러니까 네가 공식을 만들게끔 애한테 말을 해주니까 애가 다 그거를 이해를 해요.

어떤 엄마가 나중에 그러더라고. "준우가 어떤 아이였냐?"고 했더니, 준우에 대해서 이야기를 1시간, 2시간 막 이런 이야기를 막 하면, 그 엄마가 나중에 하는 이야기가 "우리가 바라는 아이"라는 거야. "엄마 잘 들어주는 아이, 그런 아이가 세상에 없을 거"라고 했대. "근데 그 아이가 준우"라는 거야. "어, 준우야 이렇게 하니까 되더라, 그러니까 이렇게 한번 해봐" 그러면 하더라고. 그래서 만화 그림을 그렸는데 재밌었다고 하더라고. 애가 3학년 때는 동아리를 만들었어요, 중학교 3학년 때 동아리를 만들더라고. "왜 만드니?" 그랬더니 내가 동아리를 만든 이유가 ○○이하고 3학년 차이 나니까 자기가 졸업하면 ○○이가 중학교를 올라올 텐데. 〈비공개〉 그래서 동아리를 만들어서 애들을 만들어놓는 거야. 자기가 졸업해도 1, 2학년 애들이 남아 있잖아요. 자기 동아리 후배들을 만들어놓은 거야. 그 동아리 만드는 과정도 엄청 웃겨요.

**면담자**     무슨 동아리였어요?

**준우 엄마**     만화 그림 그리기 동아리지. 지가 한 게 그거밖에 없잖아요. 동아리를 만드는데 뭘 할까 싶어서, 공부하자고 그러면 애들이 안 할 거 같아서. 그때 웹툰 만화 그리기가 한창 유행할 때였어요. "내가 이걸 잘한다. 그러니까 너네도 우리랑 결성해서 동아리를 만들자" 그래서 선생님한테 물어봤더니 선생님이 "애들 한 다섯 명 이상 정도 돼야지 동아리를 만들 수 있다"고 해서 준우가 "우리 동아리 하자" 그랬는데 애들이 신경도 안 쓰더래. 나중에 이야기 들어보니까 밤새 자기들끼리 모여서. 준우 『약전』[『416단원고약전』]을 썼어요. 준우 『약전』을 보면 그런 이야기가 약간 나와. 친구가 이야기해 준 게 나오는데 나한테 항상 그러더라고 "엄마, 동아리를 만들려고 하는데 교실이 없어". 그러면 "선생님한테 이야기를 해야지" 그랬더니 막 지들끼리 알아봤대. 그리고 선생님을 섭외해야 하는데 생각해보니 미술 선생님이 짱일 거 같더래. 그래서 미술 선생님을 섭외한다고 그러고 "교실도 하나 얻어야 하는데 없다"는 거야. 그래서 "엄마, 누가 학교에서 제일 권력이 쎄?" 그랬더니 "교장선생님이지" 그랬지. 그래서 "교장선생님이 나쁜 짓 할 때는 무조건 처들어가"라고 했어. 교무실을 힐끔힐끔 처다보고 그랬더니 하루는 수업 시간만 끝나고 무슨 일만 있으면 땡 하고 밖에 나가는 거야. 교장실을 처다보고 있더래. "교장선생님이 하품을 한다든가 핸드폰을 한다든가 그걸 내가 노리라"고 했거든 "신문을 보고 있거나". 근데 준우가 자기가 막 뛰어갔는데 교장선생님이 신문을 보고 있더래. "근데 신문을 본다는 건 논다는 뜻"이라고 내가 인식을 시켜줬던 거야, 애한테(웃음). 막 들어갔대, 그래서 "교장선생님" 그랬더니 깜짝 놀라더래. "내가 이번에 동아리를 만드는데 교실을 하나 달라"고 그랬더니 "안 된다"고 하더래. 근데 어떻게든 교실은 마련했어. 그러다가 교장선생님이 딴짓만 하고 있을 때 틈을 보고 상담을 안 하고 쳐다보고 있다가 그 틈을 이용한 거야.

그래 가지고 애들을 모을 때도 "엄마, 어떻게 모을까? 팸플릿을 붙일까 아니면 우리 이번에 동아리 만들어요"식으로 1학년 교실 앞에 가가지고 "이거 하면 뭐 줄게" 했는데 그게 안 통하더래. 그래서 나중에는 막 벽보 붙이고 식당에 가서 이런 쇼를 좀 하고 홍보하고 그래서 내가 남자들끼리 하면, 그때 남학생들 "남자들끼리 하면 재미없다"고 그때 남자애들 서너 명 정도서 한 거 같아요, 세 명 정도가 친한 친구가 있어요, 준우 친한 친구가 『약전』을 보면. 그 왜 친구가 얘기하는 게 더 빠르잖아요, 나는 준우가 이야기한 것만 알고 있는데.

그래서 내가 "1학년 여학생들을 뽑아라, 걔들은 조금 철이 없으니까 1학년 애들을 뽑든가 아니면 친구의 친구가 있을 거다. 아무것도 모르는 1학년을 꼬셔봐라" 그랬더니 1학년을 꼬신 거예요, 얘네들이. "내가 공부도 좀 잘해, 너네가 만화 그림 그리면서 충분히 할 수 있는 시간을 줄게", "내가 게임도 잘한다". [준우가] 게임도 엄청 잘해요. 게임을 잘하니까 너네들이 엄마들한테 몰래 속이고 그 대신 "공부를 가르쳐주는 오빠가 있다고 해라, 거기서 공부를 하고 온다고 해라, 학교 끝나고" 그래서 애가 내건 게, 나중에는 내가 물어봤어 "네가 제일 잘하는 거 뭐냐?"고 그랬더니 "공부" 그러면 애들을 꼬실 때 '공부를 가르쳐주는 과외선생님이 된다'고 말해라, 그래서 1학년들 꼬신 게 "이걸 하면서도 공부를 할 수 있는 두 가지 아이템"이라고 했던 거야. "내가 너네 공부할 때 무조건 가르쳐주겠다, 나 공부 엄청 잘한다" 그렇게 해서 애들 꼬셔가지고 결성이 됐대.

준우가 그러더라고 "다 준비됐는데 노트북이 없다"는 거야, 뭘 하려고 하면 맨날 막힌대. 그래서 "노트북을 어떻게 가져오겠니? 그럼 교장선생님을 꼬시는 수밖에 없어", "왜?" 그랬더니 "교장선생님은 아마 내년에 단원고, 단원중학교 예산이 있을 거다. 거기에 무조건 교장선생님이 노트북을 사게끔 만들어라. 그럼 네 거 되잖아, 내년에" 내가 그랬어. 그랬더니 "아, 그러냐?"고 그러면서 교장선생님이 딴짓하고 있을 때 얼른 들어갔대. 신문 보고 있거나 다른 거 하고 있을 때, 졸고 있거나 그러면 들어가 가지고 "노트북을 달라"고 했대. "왜 그러냐?" 했더니 "동아리를 하나 멋지게 만들었는데 노트북이 필요하다". [교장선생님은] 막 "안 된다"고 그러더래, 근데 막 교장선생님 꼬셨대. "예산 결정할 때 하나 사달라"고. "알았다"고 했는데 "선생님이 안 된다"고 했대. 3학년 올라갔는데 그래서 할 수 없이 집에 있는 컴퓨터로 왔다 갔다 원체 바쁜 거지. 뭘 그때그때 들고 다니면서 해야 하는데 들고 다닐 수가 없었던 거지. 막 그런 스토리.

애들 모집 과정에서 공부를 진짜로 가르쳐줬대, "그래서 성적이 많이 올라갔다"고 하더라고. 그래서 "엄마들이 나중에는 계속하라"고 했대. "그걸 하면서 공부할 수 있는 게 얼마나 좋냐?"면서 그러기도 하고. 나중에 자기가 "엄마, 내가 이거 단순히 한 게 아니라 내가 고등학교 들어가고 없으면 ○○이 혼자 되게 힘들 텐데, 내가 ○○이 땜에 이렇게 동아리를 만든 거야, 실은" 왜냐면 "○○아, 나중에 너 중학교 들어갔을 때 나한테 말해, 내가 아는 후배들이 상당히 많거든? 누가 널 때리거나 뭐라고 하면, 형아가 동아리 다 풀어줄게" 그랬더니 [○○이가] "진짜, 형아? 그러면 나 학교 가도 공부 못해도 상관없어?" 그러면 "상관없다"고 준우가 "해줄 수 있는 게 그것밖에 없다"고 나한테 그러더라고. 그러더니 고등학교 가서도 공부를 열심히 해야겠대. 그러고 고등학교를 들어갔어요.

중학교 시절을 이야기하자면 그 5인방 아이들 이야기도 엄청 많고, 그런 건 지금 계속해 줄 수가 없는데 5인방 이야기도 있었어요. 그런 건 재욱이라든지 다른 아이한테도 이야기하고 있으니까. 왜냐면 나는 준우랑 너무 많은 이야기를 했기 때문에 하려고 하면 끝이 없어요.

**면담자**     어머님은 아이들 친구들하고도 자주 보고 이야기하셨어요?

**준우 엄마**     아뇨, 준우 친구들이 없어요. 다 이번에 사고로 죽고. (면담자 : 사고 전에는요?) 전에 애들을 한 번 만난 적은 있었어요.

**면담자**     어머니도 친구들 얼굴 다 알고 그렇게 지내셨나요?

**준우 엄마**     보통 보면 그런 이야기 많이 하죠. 준우가 되게 사교성이 있어요. 애가 똑 부러져요. 큰아들이다 보니까 약간 애들이 같은 나이임에도 불구하고 애가 되게 형이라고 느껴졌다고 하더라고. 준우는 자기 "친구들이 싫다"고 했었어요, "너무 어리다"고 "너무 애기들 같다"고. 항상 그랬어요 "자기는 친구들이 싫다"고 그래서 준우는 보통 보면 잠수를 많이 타요. 이야기 들어보면 애들이 칼 들고 다녔대, 준우 찾으려고. "죽여버린다"고. 준우가 잠수를 타요, 완전. 그게 재밌었대, 자기는 잠수 타는 게.

# 단원고 입학

**면담자**      고등학교 때 준우는 어땠어요?

**준우 엄마**      고등학교 들어갔을 땐 되게 열심히 했죠. 고등학교 들어갔는데 "엄마, 큰일 났어. 우리 반 애들이 공부를 안 하네? 나는 쟤네들이 같은 비싼 등록금 내고 왜 공부를 안 하는지 모르겠어" 그러는 거예요. "너나 잘해, 너나 잘하세요" 내가 막 그랬더니 애가 점수가 크게 안 올라갔어요. 단원고 갈 때는 내신을 아주 중간급으로 가져갔어요. 그랬더니 "엄마 나 이번에 시험 칠 텐데, 나 그냥 시험 칠거야, 공부 안 하고" 그러는 거예요. 그래서 "왜?" 그랬더니 "그냥 시험 쳐볼래, 1학년 때는 좀 시간이 있어" 그러는 거예요. 그래서 "그래" 그랬는데, 시험을 쳤는데 그냥 기본 점수[실력]로 했대. 아무 공부도 안 하고 기본으로 했는데 조금 나온 거예요, 점수가. 아니 보통 점수로 나왔나 봐. 그래서 지가 상황 파악을 한 거야. 이 학교에서 고등학교 졸업한 애들이, 단원고에서 97점까지 왔더래, 내신이 197점. 준우는 170점으로 갔는데 잘하는 애들이 많이 왔대, 평준화가 돼서. 근데 197점까지 하나 왔더래, 걔들을 봤는데 점수를 보니까 지가 따라갈 수 있을 거 같더래. 어라? 이제는 고등학교 시험을 쳤으니까 나한테 이야기를 해요.

　"이제 고등학교 시험을 쳤으니까 내 실력을 한번 보여줄까? 기말고사부터는? 엄마, 내가 자기 주도 학습한 걸 이제 보여주기 시작할 거야, 엄마 기다려봐" 그러더라고. 그래서 보여줬는데, 기말고사는 공부를 열심히 해서 성적이 나왔어요. 반에서 1, 2등 할 정도로 성적이 나와버린 거예요. 근데 1, 2등이 수학, 영어만 1, 2등이야, 반에서. 기말고사를 쳤는데 선생님들도 "쟤 맨날 장난치고 웃고 떠들고?" [준우가] 장난기가 되게 심해요, 나를 닮아서. "장난이 있는데? 쟤가 좀 하네?" 그러더래. "이 정도까지 딱 보여줬다"는 거야, 자기를. 고등학교 1학년 기말고사까지만, 2학기 때 시작을 하는 거야. 2학기 때 중간고사를 쳤는데 조금 더 나온 거야. 자기가 작전을 했대. "왜?" 그랬더니 그때부터 공부 잘하는 애가, 항상 선생님들이 "쟤가 공부 제일 잘해. 아유, 쟤 잘해" 했는데 갑자기 걔가 못하게 되고 준우가 막 올라가더래. 선생님들이 가르쳐주면 줄 때마다 수학이랑 영어는 아주 애가 눈을 뜨고 다니는 거야. 막 공부를 열심히 했대, 눈에 띄고 싶어서 항상 앞에 앉고.

　내가 항상 "공부를 할 때 제일 앞에 앉으라"고, "제일 뒤에 앉으면 안 된다"고, "무조건 선생님 앞에 앉으라"고. [내가 선생님한테] 전화를 해요, "우리 준우가 눈이 안 좋아요, 시력이 안 좋아요". 항상 거짓말 해요, "시력이 안 좋다"고. "어머니, 저한테 하고 싶은 이야기 있으세요?" 항상 선생님들이 그러잖아요. 그럼 "준우가 상당히 눈이 안 좋아요, 안경을 껴도 안 보여요, 무조건 앞에 앉히세요" 그래. 그래서 준우는 어쩔 수 없이 앞에 앉게 돼, 거의 웬만해선.

　공부를 시키려고, 제가 중학교 때부터 준우한테 시킨 게 손드는 거 연습 엄청 시켰어요. "무조건 질문해라. 선생님이 너 질문 안 들어주면 1시간 내내 손들고 있어라"고. "중학교 때, 고등학교 때도 그걸 써먹었다"고 하더라고. 무슨 질문하면 무조건 손든대. 그럼 "너 말고"

그러면 계속 손들고 있대, 끝날 때까지. "너 말해봐" 그러면 준우가 이야기한대. "선생님 제가 나가서 풀게요", "아니야, 너 풀어봐", "선생님 제가 나가서 풀게요. 제가 나가서 풀게요" 그러니까 선생님들은 "그래 네가 좀 풀어봐라, 대체" 그리고 무조건 그렇게 시간이 흐르다 보니까 "손 한번 들어봐, 나와서 풀 사람" 그러면 준우가 든대. 애들한테 물어봤대 "왜 너네가 안 드냐?"고. 그럼 "어차피 쟤가 든대. 우리가 들 필요가 없대". 중학교 때부터 제가 시켰어요.

중학교 들어갈 때 7교시, 8교시를 하니까 졸린 거예요. 그래서 "엄마, 내가 졸려서 공부를 못 하겠어. 애들 다 자요" 그러는 거야. "왜 자?" 그랬더니 "졸리다"는 거야, 밥만 먹고 나면. "잘됐다. 그러면 그걸 너의 시간으로 만들자. 무조건 밥 먹고 나면 손을 들고 질문해라. 거기서 네가 하고 싶었던 이야기 다 해, 선생님과 일대일로. 그때는 과학 시간에 과학 공부 안 해도 되고, 국어시간에 국어공부 안 해도 되고. 네가 궁금했던 거 다 물어봐, 엄마한테 못 물어봤던 거". 집에서 예습, 복습을 하잖아요. 얘가 그때부터 손을 들고 이야기하는 것이 버릇이 된 거예요, 고등학교 들어가서도. 선생님한테 무조건 이야기하니까 애들이 처음에는 쳐다보고 있더래. 다른 학교에서도 애들이 많이 왔잖아요. 근데 나중에는 "준우가 또 들 텐데, 우린 안 들어도 돼요". 준우는 무조건 지가 드는 걸로 되어 있는 거야. 나가서 푸는 거 엄청 좋아하고.

그러다 보니까 내가 그랬지. "졸리면 미술선생님한테 음악을 물어보고, 음악선생님한테 미술을 물어봐라". 그리고 농담을 잘했어요, 준우가 상당히. 애들이 졸리니까 자기 시간인 거야. 선생님하고 개인적으로 상담도 많이 하고, 아예 애들 다 자라고 하고. 그리고 졸리면 노래도 부르고, 미술 시간에도 노래 부르고 있고 음악 시간에 미술 그리고 있고. 그러니까 막 뒤죽박죽이 돼 있었대. 항상 그렇게 가르쳤지. "무조건 너의 시간으로 만들어라. 그리고 질문할 때 분위기를 유도해라. 선생님이 국어 시간에 사과 이야기를 하면 생선 잡는 이야기를 해라. 근데 선생님은 국어 시간에 이야기를 하다가도 수학 이야기를 할 수가 있어, 과학 이야기도". 근데 한번 떠봤는데 정말 수학선생님이 과학 이야기를 하고 있더래. 그리고 집에서 복습을, 예습을 해가니까 다른 애들은 모르는데 준우가 질문을 하면 "선생님 근데 그건 이거 아니잖아요, 방정식으로 풀어야 되잖아요" 그러면 지가 생각했던 걸 이야기를 하는 거지. 그럼 지 시간이 되는 거야.

그게 처음엔 안 됐는데, 재밌더래. 애들은 모른다는 거야, 선생님도 모르는 거야. 자기가 수법이 있었던 거지, 고등학교 들어가도 그걸 써먹었더니 그게 맞더래. 그런데 "엄마" 이러는 거야, 1학년 말쯤. 지금 생각해 보니 기말고사가 끝날 때 보니 준우가 영어, 수학만 우수하더라고. 준우가 그때 수학을 모의고사를 봤는데 준우가 불만인 게, 강서고 같은 경우는 돈을 내고 한 달에 한 번씩 모의고사를 봐요, 자체적으로. 근데 단원고는 국가에서 하는 것만 봐요. 일 년에 두 번, 1학기 한 번 2학기 한 번. 1학기 때는 지가 몰랐던 거야. 등수가 안 좋았는데 2학기 때는 국가에서 하는 거니까 단원고 명예가 있잖아요. 1학기 때 지가 모의고사를 아무것도 모르고 쳤는데, 모의고사에 대한 이야기도 없었고. 선생님이 그냥 "모의고사는 너네 기본 실력으로 해라. 학교에서는 모의고사 필요 없고 등급제니까 학교 중간하고 기말만 잘

봐라" 그래서 "모의고사는 너네가 알아서 하라"고 그랬대. "대학 갈 애들은 너네가 알아서 하라"고, "여기는 수시로 갈 확률이 높으니까 너네가 알아서 하라"고 그래서 준우가 1학기 때는 뭣 모르고 치렀는데 2학기 때는 좀 공부를 한 거야.

"엄마, 내가 공부를 좀 열심히 했어" 그래서 "왜?" 그랬더니 나를 위해서 한 게 아니래, 그래서 "누구를 위해서?" 그랬더니 단원고를 위해서 공부를 했대. 1학년 때 점수가 꼴등이었대, 경기도에서. 정말 선생님들이 기절했대. 점수가 하나도 안 나와서. 그래서 "내가 볼 때 내가 공부하는 것도 중요하지만 단원고에서 그래도 하나는 나와야 할 거 아니냐?"고. "내가 공부를 좀 할래" 그래서 조금 했는데 수학을 2등급 받아왔더라고 국어는 1등급도 있고, "국어가 1등급인가 있었다"고 한 거 같아. 여자애들이 공부를 잘한대, 국어를. 근데 수학은 2등급이 준우 혼자 있었던 거야, 2등급 그 자체가. 수학하고 영어 중에서 준우가 2등급이 나왔대. 그래서 학교에서 난리가 났대. "2등급 하나에 놀랠 정도면 이거는 너무 저기 한 거다" 그랬더니 "아니야, 엄마. 그래도 잘한 거 같아. 나라도 있어서 얼마나 다행인지 몰라, 선생님이 잘했다고 그랬어" 그러는 거야.

그리고 준우가 자꾸 수학, 영어를 잘하니까, 선생님들이 처음에 공부 잘했던 애들이 자꾸 떨어지고 준우가 치고 올라가니까 학교에서는 "이준우 쟤 좀 공부하는데? 쟤 좀 어떻게 해볼까?" 하는 그런 뉘앙스가 있었대, 그걸 지가 즐기는 거야. "제가 이준우입니다, 제가 이준우입니다" 항상 이러고 다녔대. 선생님들한테 자길 인식시켜 줘야 한대, 왜냐면 책을 하나 더 받아와요.

면담자　　　공부 욕심이 많았네요.

준우 엄마　　그런 것도 있었지. 준우는 교무실 가서 살았어요, 1학년 때 보통 애들이 다 가기 싫어하는 교무실 가서 들락날락. "선생님, 제가 교무실 가서 가져올게요", "선생님, 제가 복사해 올게요" 왜 복사해 오는지 알아요? 문제지를 나한테 사달란 소리를 안 해요. 그걸 다 복사해 와요, 복사물이 집에 이만큼 있어요. [준우가] 컴퓨터 이메일을 되게 잘 썼어요. 이메일 다 해가지고 모은 거야, 몇 년도 거모의고사, 몇 년도 거 모의고사 집에 가면 다 이만큼 쌓여 있어요, 지가 다 뽑아 오는 거야. 그래 갖고 공부하고 남은 건, 지가 중요하다 싶은 건 지가 다 철을 해놨더라고. 집에 가면 지금도 다 그런 게 있더라구요. 하루는 그러더라고 "엄마, 잉크를 안 사도 될 거 같애". "잉크 가격이 비싸다"고 했거든. 자기가 생각했는데 교무실 가니까 잉크를 막 쓰더래, 엄마가 산 건 조그만 건데 교무실 가면 큰 잉크잖아요, 지가 다 복사를 한 거지 문제지를 다 이메일로 가져와서 컴퓨터로 다 뽑아버린 거야, 선생님 거 연결해 가지고. 기특하더라고 그런 거 보면.

　나랑은 맨날 알쏭달쏭 작전만 짜요, 엄마는 안 좋은 것만 다 이야기한대. 근데 알고 보면 다 자기한테 쏙쏙 들어온다는 거야. 엄청 약게 애를 키웠던 거야, 어렸을 때도 그렇게 키웠는데 커서도 계속 애기를 약게 가르쳤던 거지. "엄마, 학교에서는 나라는 존재를 모르니까 내가 자꾸 공부를 열심히 해서 치고 올라가야 해[야지] 나라는 존재가 인식이 돼. 선생님들이 자꾸 나한테 기대하는 거 같애". 교무실 가서도 그러는 거지.

내가, 엄마가 직장을 다니기 때문에 대학도 내가 가야 한대. 근데 내가 대학 가는 방법을 잘 모른대, 어떻게 "대학 전형 같은 거 공부를 어떻게 해야 하는지를 모른다"는 거야. 자기 주변에 대학 간 사람들이 많이 없었기 때문에. 그래서 '그 방법을 어떻게 할까' 생각을 하다가 학교에 선생님들이 해마다 오잖아요, 해마다 오면 제일 어린 선생님이 있을 거 아니에요. 그 선생님한테 계속 붙어요. 준우가 "선생님, 대학 갈 때 공부 어떻게 했어요? 수능 어떻게 봤어요? 어느 정도 난이도가 나왔어요?" 계속 물어보는 거야, 그 선생님한테만. 그 선생님이 귀찮아서 준우를, 어떻게든 준우라는 아이를 알려야 하는데 선생님이 자기를 자꾸 멀리하더래 처음에 갔더니. 그러면 밥 먹을 때 인사하고 그랬더니 나중엔 화장실까지 쫓아갔대요. 화장실 쫓아가서 "선생님, 안녕하세요" 하니까 "아, 또 너구나? 너 이름이 뭐야, 대체?" 그러더래 "제가 이준우예요" 그래서 선생님하고 친해졌대. 그래서 그 선생님을 꼬셔가지고 얘기도 듣고 공부를 하는 거야, 그랬더니 선생님이 나중에 가르쳐주더래. 나는 고등학교 갈 때 이렇게 공부했고, 대학교 갔더니 이렇게 공부하더라, 대학생활은 이랬더래 이런 걸 다 말해요, 나한테 와가지고. 그럼 난 또 여시같이 "아냐, 가서 또 물어봐" 그러니까 얘가 선생님들 만날 때마다 그런 이야길 물어보는 거야, 학교 이야기만 물어봐. "대학은 어떻게 공부했어요?" 왜냐면 "엄마가 직장 다녀서 모르니까 나라도 시간 나면 간다"고. 보통 보면 여자들 마음을 빼앗기 위해서 "선생님, 저 가방 좀 맡겨주실래요?" 좀 친해지려고 "선생님 이거 제 기타인데요, 제가 잃어버릴 것 같아요. 이 기타 좀 맡겨주세요" 그런 작전을 되게 많이 썼어요.

준우 엄마 장순복

선생님을, 표현하자면 가지고 논 거지. 그리고 배가 고프면 여선생님들은 항상 보면 먹을 게 있대. "선생님, 안녕하세요" 하면서 간식 쳐다보면 선생님이 "먹어" 하면서 가져와요. 근데 안 먹어요, 집에 와서 ○○이 갖다주고 그랬어요. 준우가 그러더라고, 내가 예전에 그랬어. 1학년 때 자기네 반이 꼴등 반이었대. "너 혼자 공부하는 것보다 주위에 친구들을 가르쳐주면 안 되겠니, 공부를?" 그래서 공부를 좀 많이 가르쳐줬대. "공부를 하고 싶은 사람만 나한테 물어보라"고 했대, 수학을. 근데 "그 대신 쉬는 시간하고 점심시간에만 물어보라"고, "나도 나 공부를 해야 하니까 5분 이상 끌지 말라"고 했대, "돌아가면서 오라"고 했대. 못하는 애들만 그렇게 공부를 가르쳐주고. 그리고 준우가 문제집을 안 산 이유가, 준우가 문제집을 쉬운 걸 풀어요, 그러면 그다음 단계를 사야 하잖아요. 근데 엄마한테 사달란 소리를 안 해요. 친구하고 바꿔요, 이 책을. "내가 공부한 책인데 문제풀이를 다 해놨어. 근데 이 책을 사려면 문제집을 나한테 두 권을 줘야 해. 이런 이런 문제집을 갖구 와" 그럼 제일 먼저 가져오는 애한테 그걸 넘기는 거야.

근데 줄 서서, 정말 아이들이 "그다음엔 나 주라"고 한대. 왜냐면 준우는 내가 그랬잖아요, 문제풀이를 거기다가 다 써요, 일반 노트가 없어요. 그러니까 얘는 문제집을 보면 시커매요, 공부를. 처음엔 준우를 무시하던 애들이 나중에 준우 문제집을 다 가져가고 싶어 해. 시간이 없어요, 애들은 줄을 서 있는데 쉬운 문제는 안 풀고 어려운 문제만 푸는 거야, 계속 준우가 낙서를 해놓는 거지. 근데 그걸 또 애들이 "바꿔치기 하자"고 그런대. 그래서 문제집을 안 샀어요. 준우가 다 머리로 생각해 가지고 "엄마가 돈 나가는 게 싫다"고. 이쁘지, 그런 거 하는 거 보면. 그런 것도 있었고….

<br/>

# 7
## 수학여행 가기 전날

**면담자**　　　수학여행 가기 전에 출발할 때 어떤 준비를 하셨는지 얘기를 해주세요.

**준우 엄마**　　　준우 수학여행 갈 때도, 그때도 나는 배 타고 가는 줄, 아니 비행기 타고 가는 줄 알았어요. 강서고하고 비교를 했는데 3만 원인가 얼마 차이밖에 안 났어요. [강서고는] 비행기 타고 왔다 갔다 하는데, 이렇게 한번 보니까 배가 있어요. "준우야, 왜 너네 수학여행 가는데 배 타고 가니? 금액 차이가 안 나는데?"[라고 했더니] "엄마, 갈 때는 비행기 타고 올 때는 배 타고 올 거 같아요" 그러더라고. 내가 준비물 보고 준비를 했지. 그날 저녁에 잠을 못 자고 그 전날부터 계속 준비물을 적었지, 준우랑 나랑. 하루는 이런 말을 하더라고 나한테. "엄마 나 키미테를 좀 사주면 안 돼요?", "키미테를 왜? 너 배 멀미할 거 같아?" 그랬더니 "아니, 나 배 안에서 푹 자고 싶어", "왜?", "그냥 배에서 푹 자려면 키미테가 있어야 할 거 같아", "그럼 엄마가 키미테 사 올게". 그래서 키미테하고 방수 대일밴드를 사 왔어요. 그래서 그날 짐을 챙기면서, 근데 [약국] 아저씨가 그러더라고. 자기 딸도 비행기를 타고 왔는데 키미테 하나면 된대, 충분히. 그래서 "아저씨, 우리 아들이 키미테 두 개 붙인다니까 두 개 주세요" 그랬더니 하나만 붙이는 거래. "그래요? 그럼 올 때, 갈 때 하게 두 개 주세요" 그랬더니 아저씨가 "키미테는 두 개 붙이는 거 아니라"고 막 그러는 거야, "아들한테 그 얘기 하라"고. 그래서 "준우야, 아저씨가 그러는데 너 키미테 두 개 붙이지 말고 하나만 붙이래. 하나만 붙여도 푹 잠을 잘 수가 있대" 그래서 "엄마, 알겠어". 그래서 하나는 대일밴드 방수되니까. 바닷가잖아요, 혹시나 모르니까 내가 그걸 방수되는 데에다가 대일밴드를 넣어놨어요. "준우야, 여기다 넣어놨다. 혹시나 무슨 일 생기면 여기서 꺼내" 그랬더니 "알았다"고 그러기도 하고.

짐을 막 챙기는데, "준우 준다"고 우리가 퇴근하고 아빠랑 둘이 만나서 마트 가서 오징어, 오래오래 먹을 수 있는 사탕, 과자를 몇 개 샀어요. 근데 마트를 갔더니 그날따라 단원고 아이들이, 여자애들이 소풍 간다고 뭐 사러 왔더라고. "너네 왜 이렇게 수업이 일찍 끝났어?" 그랬더니 "아줌마, 우리 내일 수학여행 간다고 선생님이 오늘 일찍 끝내줬어요, 야자를 땡겼어요" 그러더라고. 근데 아이들이 뭘 자꾸 집어넣고 빼고, 집어넣고 빼는 거예요. 내가 여자애들 보니까 들었다 놨다, 들었다 놨다 여자애들이 하더라고. 그래서 "어디냐?"고 했더니 "단원고"라고 하더라고. 그래서 참 기특하다 했는데 '아, 돈이 없어서 저렇게 못 사나 보다' 너무 그게 안쓰러운 거예요. 그래 가지고 오징어 같은 걸 막 사줬어요.

**면담자**　　　어머님이 사주셨어요?

**준우 엄마**　　　사고 있는데 그 아이들이 되게 신경이 쓰이더라고, 수학여행 가느라 너무 신나 하는데. 그래서 준우 아빠랑 나랑 안 되겠다 싶어서 다시 내려갔어요, 마트에 그 아이들 준다고 여자애들 좋아하는 젤리, 음료수를 막 세 봉지를 똑같이 샀어요. 마침 걔네들이 계산을 하고 있더라고. 그래서 내가 먼저 계산을 해가지고 나중에 애들한테 "수학여행 잘 갔다 와" 그랬더니 아줌마가 "이거 어떻게 [알고] 사셨냐?"고 그래서 "너네 아까 보니까 계속 들었다 놨다 하길래". 애들이 돈이 없잖아요, 그러니까 그게 너무 마음이 아픈 거야. 그래서 애들을 따로 사줬어요. "우리 아들이 이준우인데 엄청 잘생겼다고, 혹시 보면 우리 아들 좀 챙겨줘" 그랬더니 "알았어요, 아줌마" 그러면서 뇌물을 좀 준 거지.

그러고 있었는데 그날 저녁에 "준우야, 엄마가 좀 늦을 거 같으니까 된장국하고 부침개 있는 거 먹어". 준우가 제일 좋아하는 게 된장국하고 부침개인데, 그랬더니 "엄마, 나 엄마가 올 때까지 기다릴래" 그래서 "아냐, 엄마 늦을 거 같으니까 먼저 먹어" 그랬는데 집에 가니까 준우가 밥을 안 먹었더라고. 그래서 "왜 안 먹었어?" 그랬더니 "난 엄마가 해주는 게 제일 맛있어" 그래서 내가 가서 된장국 다시 데워주고 부침개를 데워줬더니 막 먹는 거예요. "반찬 더 해줄게" 그랬더니 "엄마, 필요 없어. 난 울 엄마가 해준 게 제일 맛있어" 그러면서 국을 다 깨끗이 먹고 그 부침개도 다 먹고 애가 밥을 다 먹더라고. 그래서 "이 시간까지, 9시까지 기다렸으니까 배고팠겠구나" 그랬더니, "엄마, 난 엄마가 해준 게 이 세상에서 제일 맛있어". 얘가 그날따라 계속 그러는 거야. 그래서 "얘가 왜 이러지?" 그러고. "야, 이리 와봐, 아빠가 오징어 사 왔으니까 친구들하고 배에서 멀미하지 않게 이거 먹어. 그리고 엄마가 사탕이랑 초콜렛[릿]이랑 많이 사 왔으니까 아이들하고 많이 먹어", 그랬더니 "나 이거 다 필요 없어" 가방을 쌌는데 준우가 다 꺼내더라고. "오징어도 필요 없어. 엄마, 오징어 먹을 시간이 없어. 이건 아빠 드시라고 해" [그러면서] 과자를 다 꺼내. "왜 과자를 꺼내니?", "엄마, 과자는 ○○이한테 줘, ○○이가 좋아하는 과자잖아. 엄마, 이건 놔둬, 이건 엄마 먹어. 사탕 같은 거 초콜렛은 엄마 먹어" 그러는 거야. 그래서 "왜?" 그랬더니 "엄마, 이거 먹을 시간이 없을 거 같아" 나한테 그런 말 하더라고. 그래서 "뭐 사줄까?" 그랬더니 그냥 물하고 음료수만 하나 넣어달래.

그래서 물하고 음료수를 하나 넣어줬어요. 그랬더니 다른 건 다 필요 없대. 그래서 짐을 쌌는데 사람이 느낌이라는 게 있더라고, 준우가 무슨 일이 있을 거 같은 느낌이 들어서 "준우야, 엄마가 혹시 모르니까 이거 바지하고 양말하고 팬티를 두 개씩 더 놨다? 수건하고. 무슨 일 있으면 이거 더 써", "응, 엄마 알았어. 다 넣어놔" 그러더라고. 과자를 빼니까 짐이 하나도 없는 거야. 그러면서 막 가방을 쌌죠. "이거는, 첫날은 추우니까 이거, 이거, 이거 입어" 그랬더니 준우가 "알았다"고, "엄마 말 듣겠다"고 하면서 코디를 다 했어요, 3일 동안 입을걸. "이렇게 입어야지 멋지게 보인다. 사진을 잘 찍는[힌]다. 여학생들도 예쁘게 하니까 너도 이렇게 멋지게 입어라" 하면서 진짜 그날 저녁에 옷을 입어보고 벗고, 입어보고 벗고 세팅을 싹 해줬어요. 그랬더니 "알겠다"고, "엄마가 입으란 대로 다 입고 오겠다"고 그러더라고.

가방을 쌌는데, 제가 되게 애교가 많아요. 준우가 침대에 (자세를 취하며) 이렇게 누워 있어요. [준우가] 연필을 들고 있길래, "공부하지 말아라" 그랬더니 "엄마, 오늘 공부 안 할 거야?" 그랬더니, 준우가 침대에 (자세를 취하며) 이렇게 누워 있더니 엄마가 [짐을] 싸는 걸 이렇게 봐. 그러더니 "엄마, 근데 나한테 만약에 트라우마 생기면 어떻게 하지?" 근데 나는 그때 트라우마가 뭔지 몰랐어요. 그런 단어를 모르고 살았으니까, 평범했으니까. [준우 방] 벽에 사진이 이렇게 쫙 있었어요, 돌 사진 같은 게, 태권도 사진 같은 게. "나한테 트라우마가 생기면 어떡해?" 그래서 "왜? 겁나?" 내가 그랬더니 "아니, 그냥 배 타고 가니까 조금 그렇긴 해. 만약에 사람이라는 건 모르잖아", "그래?" 그랬더니 "아니야, 그런 일은 없겠지, 트라우마가 뭔지도 모르겠어". 그러면서 "트라우마가 뭐야?" 그랬더니 "엄마, 트라우마라는 건 만약에 큰일이 닥치면 나한테 머릿속에서 기억에 남는 거야. 그게 트라우마인데 트라우마는 영영 평생 가져가는 거래" 이러는 거야. 그래서 "음, 그렇군" 그러고.

준우 방을 나오다가 봤는데, 준우 책상 앞에 항상 보면 증명사진이 있어요. 어렸을 때부터 커가는 모습까지 증명사진을 항상 뽑아놨어요. 준우가 이렇게 보더니 "아유, 우리 준우는 지금까지 잘 컸네?" 그러면서 "엄마는 이 사진에서 골라보면 중학교 때 모습이 젤 이쁘다? 이때 엄마가 중학교 교복 처음 사주면서 엄마가 얼마나 기특했겠니, 앞머리 자르고 머리 귀 [뒤로] 넘기고, 엄마는 이때가 이뻐" 그랬더니 "엄마, 그거는 생각하지 말고" 고등학교 때 증명사진을 보면서 "엄마, 이 사진을 보세요. 내가 보고 싶으면 이 사진을 보세요. 이게 저예요, 현재 모습이 나이기 때문에 어렸을 때 모습은 기억은 하지 말고 지금 내 모습만 봐주세요. 엄마 봐봐요, 얼마나 이뻐, 이 사진이" 그러는 거야. 그래서 "이 사진이 마음에 들어?" 그랬더니 "네, 저도 이 사진을 찍었을 때가 제일 마음에 들었어요, 지금까지 찍은 것 중에" 그래서 "응, 이 사진이 제일 좋구나". 그래서 막 보고 있는데 "빨리 나가라"고 하더라고, "짐도 싸야 하고 엄마도 내일 출근해야 하니까".

그래서 내가 좀 장난기로 "어우 준우야, 너 보고 싶어. 앞으로 너 못 볼 거 같아, 어머 어떡해, 어떡해" 막 그랬더니 "엄마, 왜 그런 소릴 해요?", "어우, 그러니까". 그랬더니 "엄마, 나 엄마한테 뭐 물어볼 게 있어", 그래서 "뭘 물어봐?" 그랬더니 "엄마, 지금까지 나를 키우면서 제일 기억에 남는 게 뭐야?" 그러는 거야. 그래서 "제일 기억에 남는 거는 너 초등학교 때". 항상 내가 그래요. "엄마가 초등학교 때 너 철도 없었는데 너한테 해준 것도 없어서 초등학교 사진 찍었던 게 제일 기억에 남는다"고 말했더니, "그 사진 보여줄 수 있느냐?"고 하더라고. 초등학교 때 찍은 사진을 준우도 알고 있거든요. 그래 가지고는 준우가 "그 사진을 지금은 찾기가 힘드니까 네가 수학여행을 갔다 오면 내가 찾아주마", 그랬더니 "그러냐?"고, "엄마 나 키우면서…" 그런 얘기를 계속하더라고.

그러면서 준우가 사고 나기 전에 한 2주 전엔가는, 애기 뱃속에 있던 사진이 있었어요, 세월이 지나다 보니 사진이 좀 낡았더라고. "앞으로 조금 더 있으면 이 사진이 더 낡아질 텐데, 그때 이런 기억을 모두 하려면 스마트폰으로 다 찍어놓으라"는 거야, 준우가. 옛날 그 사진도 정말 애기 때, 태아였을 때 사진도 제가 핸드폰으로 찍어놓고. 준우 가기 전에 "그러면 내가 갔다 와서 보여주겠다"고 하면서 "준우야, 근데 너 보고 싶을 거 같아, 어떡하지?" 그랬더니 "엄마, 내가 그렇게 걱정돼?", "응", "내가 무슨 일 있을 거 같아? 무슨 일 절대 없을 거야". 그랬더니 "난 네가 똑똑한 줄 알지만…" 이야기하자면 많아요. 진짜 똑똑해요, 말하는 것도 보면 일반 애가 아니었기 때문에 그래서…. "그래도 걱정돼. 엄마는 3, 4일 못 보니까 걱정돼, 보고 싶어 어떡해" 하고 애교를 막 부렸더니 준우가 어깨에다가 딱 손을 얹고 "엄마, 걱정하지 마요. 나한테 무슨 일이 생기면 이게 운명이라고 생각하세요" 그러는 거야. "운명이 뭐야?" 그랬더니 "운명은 믿고 따르라는 게 운명이에요". 무슨 일이 사람한테 생기면 그걸 절대 부정하지 말고 그걸 믿고 따르는 게 운명이래. 그래서 "그 운명이라는 게 사람한테 누구든지 있다"는 거야. 근데 "나한테 무슨 일이 생기면 꼭 운명이라고 믿고" 그걸 나한테 "꼭 따르라"는 거예요, 그 아이가. 나도 기분이 좀 그랬지만 걔도 약간 기분이 그랬었나 봐.

그러기도 하고 걔가 일주일 전엔가? "수학여행 간다"고 나한테 말을 했을 때 그때 아빠가 미국에 있었어요. 저희 집에 거실이 엄청 컸었어요, [준우가] 거실을 왔다 갔다 하는 거예요, 뒷짐을 지고. 〈비공개〉 그러면서 "나는 이렇게 왔다가 이렇게 가나?" 계속 왔다 갔다 계속 뒷짐을 지더라고. "내 인생은 이렇게 왔다가 이렇게 가나?" 하면서 아이가 자꾸 이상한 행동을 하더라고, 전부터. 느낌이 지도 이상했나 봐요. 그런 운명 이야기를 하고 뒤돌아서서 "엄마, 일찍 자요" 그러더라고. 그래서 "응, 알았어" 그랬는데, 아침에 자고 있는데 항상 아이를 깨워요, 내가 근데 그날 아침에는 깨우기가 싫더라고. 쟤가 오늘 못 일어나면 수학여행 못 가는 거고 "오늘은 지가 하겠지" 그렇게. 그 전날 기분이 안 좋은 것 같아서 내가 안 깨우고 출근을 했어요.

면담자    네, 이제 수학여행 출발하는 날의 기억을 들어야 하는
데, 시간이 너무 많이 지나서 다음 구술 때 이어서 하도록 하겠습니다.

준우 엄마    네, 제가 너무 많이 얘기한 것 같애. 준우에 대해서는
끝이 없어요.

면담자    네, 오늘은 구술은 여기까지 하는 것으로 하겠습니다.
감사합니다.

# 2회차

2016년 2월 1일

# 1
## 시작 인사말

면담자　　　　본 구술증언은 4·16 사건에 대한 참여자들의 경험과 기억을 기록으로 남김으로써 이후 진상 규명 및 역사 기술에 기여하고자 합니다. 지금부터 장순복 씨의 증언을 시작하겠습니다. 오늘은 2016년 2월 1일이며, 장소는 안산시 단원구 글로벌다문화센터입니다. 면담자와 촬영자는 윤보라입니다.

# 2
## 수학여행 당일 아침 사고 소식을 접하기까지

**면담자**　　　　지난 구술에서 수학여행 준비까지 말씀해 주셨는데, 이번에는 수학여행 당일 아침부터 말씀해 주시면 될 것 같습니다.

**준우 엄마**　　　전날 준우하고 이야기를 했잖아요, 그 전에 이야기를 했었나? 운명이라는 이야기했죠? (면담자 : 네) 그리고 "일찍 자라"고 해서 일찍 잤는데. 그날 4월 16일 날 아침에 일찍 일어났는데 저는 출근을 했어요. 평상시에 똑같이 일어났는데 왠지 준우가 어젯밤에 괜히 그냥 그런 이야기를 하길래 '안 가고 싶은가 보다' 그런 느낌이 있어 가지고, 맨날 아침마다 깨우는데 그날은 안 깨웠어요. 제가 이렇게 쳐다보니까 잠을 자고 있더라고. 그래서 '늦잠 자면 지가 못 가는 거고, 지가 가고 싶으면 알아서 일어나겠지' 하고, 제가 항상 깨우

81
·
2회차

는데 그날은 안 깨웠어요, 깨우기 싫어서 자는 모습만 보고 왔지. "가기 싫다"고 했으니까, 처음부터 수학여행을.

　　그날[4월 16일] 출근하려고 딱 보니까 아빠가 핸드폰을 놔두고 갔더라고. 아빠가 핸드폰을 놔두고 간 적이 없었는데 그날따라 핸드폰을 놔두고 갔더라구요. 아빠한테 전화가 하나 더 있었어요, 회사 폰이 있어서 "왜 핸드폰을 안 가져갔냐?"고 그랬더니 아빠가 깜박했대. 그래서 "내가 핸드폰을 갖다주겠다"고 그랬어요. 그랬더니 "오늘 무슨 일 있겠냐?"고 "냅두라"고 "핸드폰, 맨날 가져가도 그랬는데 오늘 무슨 일 있겠냐?"고, "오늘 하루쯤 핸드폰 안 가져가도 무슨 일 있겠냐?"고 그러더라구요. 그런가 보다 그리고 아빠 핸드폰을 가방에다가 그냥 꺼놓은 상태에서 그냥 가져갔는데, (면담자 : 어머님께서요?) 네, 항상 아빠가 핸드폰을 놔두고 가면 회사로 저한테 와가지고 가지고 가거나 제가 갖다주거나 그랬었는데, 그날은 "무슨 일 있겠냐?"고, "별일이야 있겠어? 맨날 그런 일 없었는데" 그러면서 핸드폰을 놓고 가길래, '이상하다, 핸드폰 가져가야 하는데 이상하다, 이상하다' 그랬는데 핸드폰을 놔두고 갔더라고.

　　그리고 전 출근했어요, 일하고 있는데, 제가 회사 출근하면 핸드폰을 놔두고 일을 해요. 그래서 한 10시 반쯤에 쉬는 시간인데 사람들이 그래요, "밖에 신랑이 와 있다"고. '어? 왜 신랑이 왜 왔지? 핸드폰 때문에 와 있나?'

**면담자**　　　10시 반에요?

**준우 엄마**　　네, 저는 핸드폰을 안 보니까 무슨 일 없는 줄 알고. 그냥 핸드폰 놔두고 보지도 않고 계속 그냥 이렇게 쉬는 시간에 쉬고 왔다 갔다 했는데 "신랑이 빨리 오라"고, "경비실에 와 있다"고. [주변에서] "신랑이 무슨 일 있는 거 같다"고, "신랑이 아주 심각하다"고 그러는 거야. 그래서 아무렇지도 않게 막 그냥 나갔어요. 그랬더니 신랑이 막 화를 내면서 "너는 핸드폰을 안 보냐! 왜 핸드폰 전화를 안 받냐?"고 막 뭐라고 하는 거예요. 그래서 "무슨 일 있냐?"고 그랬더니 신랑이 화를 내, 빨리 핸드폰을 보라는 거야. 순간 핸드폰을 꺼내 봤는데 전화가 엄청나게 와 있더라고. 준우 친구 엄마부터 시작해서 이모, 모든 준우 친구 엄마들 다 전화가 엄청 와 있더라고. 준우 아빠부터 시작해서 하나도 제가 못 받은 거예요. 저는 그런 사고가 났을 때 되게 좀 그랬었지. 몰랐었지, 그 정도까지인지. 그래서 회사에다가 이야기를 하고, 준우 아빠가[한테] "무슨 일 있냐?"고 했더니 차를 탔는데 "되게 안 좋은 상황이 있으니까 빨리 가자"고, "지금 빨리 회사에다가 조퇴를 해라"고 그래서 사람들이 다 쳐다보길래, 회사 가서 긴급하게, "집안에 일이 있고 학교에서 무슨 일 있는 것 같아서 얼른 가야겠다"고.

그래서 급하게 조퇴를 하고 나왔는데 준우 아빠가 인터넷 좀 보라는 거예요. 그래서 인터넷을 보니까 단원고가 나오더라고(울음). "이게 무슨 내용이냐?"고, "자기는 언제 알았느냐?"고 그랬더니 준우 아빠도 회사에서는 잘 몰랐는데 회사에서 직원 동료들이 인터넷을[에] 우르르 몰려 있더래. 준우 아빠는 관리자인데 "무슨 일이냐?"고 그랬더니 "수학여행 간 애들이 있는데 그 아이들이 물에 빠졌다"고, (울먹이며) "배가 침몰됐다"고 그러더래. 그래서 준우 아빠가 "일하지 않고 뭐 하나?"고 그랬는데 그래도 애들이 자꾸 거기 다 몰려 있더래,

회사 직원들이. 그래서 이상해서 이렇게 봤더니 "단원고 수학여행 간 배가 침몰했다"고(울음). 저는 준우 아빠한테 그때 이야기 듣고, 준우 아빠가 화를 내면서 "지금 준우가 탄 배가 침몰했다"고 그러길래 저도 회사에서 엄청 놀랐죠. (눈물을 훔치며) 그 순간 옷을 갈아입으면서 얼마나 울었는지 "어떻게 그럴 수가 있냐?"고, "우리 준우 제주도 수학여행 가는 무슨 배가 침몰했냐?"고, 옷을 입는데 옷이 입혀지지가 않더라구요(울음). 준우 아빠한테 그 말 듣고 회사 직원 언니들도 다들 놀래가지고 인터넷을 그때 보는 거예요. 옷을 갈아입을 수가 없어서 옆에 언니들이 다 옷을 갈아입혀 주고 난 울면서 나왔었죠.

우리 준우가⋯ 믿어지지가 않았죠, 그 시간에 도착했을[했어야 할] 때인데 "왜 진도 앞바다에서 그 아이들이, 배가 침몰이 됐냐?"고. "설마, 설마 준우는 잘못되지 않았겠지" 그렇게 오열을 하고 준우 아빠 차를 탔는데, "준우 아빠는 언제 알았냐?"고 그랬더니 회사에서 그런 식으로 이야기를 했더라고. 보니까 정말 단원고가 침몰했다고, 배가. 준우 아빠가 너무 놀란 거지. 전화해도 나는 전화 안 받지, 그래서 준우 아빠가 급박해서 왔더라고. "빨리 학교 가자"고, "지금 갈 수 있는 게 학교밖에 없다"고. 그런데 제가 인터넷을 봤을 때는 벌써 배가 침몰해 있더라구요(긴 울음). 정말 상상도 못 하죠, 바로 갈 수가 있는 데가 아니었고 그 아이들이 물에 다 빠졌는데(울음).

준우 엄마 장순복

# 3
## 학교 도착 후 팽목항까지

**준우 엄마**    그러고 준우 아빠랑 급히 학교를 먼저 왔어요. 무슨 상황인지 잘 모르니까…. 준우가 통화가 안 되고, 아무 연락도 안 되길래. 너무 춥고 너무, 그때는 말할 수가 없었어요. 급히 학교를 갔는데 계속 스크린에, 큰 화면에 "배가 침몰돼 있다"고 계속 방송도 뜨고 화면을 보여주더라고. 그때는 저희들도 조금 늦게 간 편이라 이미 부모님들은 와 있었고. 근데 너무 멀리 있어서, 준우가 진도라는 너무 먼 곳에 있어서 갈 수가 없었고, 그래서 그 상황은 어마어마했었죠. 근데 "다 구조됐다"고, 저희가 갔을 때는 "다 구조됐다"고 그랬는데 계속 핸드폰에 문자가 오더라고, 학교 가는 동안 "다 구조됐으니까 걱정하지 말라"고 학교에서 다 연락이 계속 오는 거예요. 두 번, 세 번 문자가 오는 거예요. 그래서 일단 학교 가서 어떻게 된 상황인지 파악을 해야 하고 이야기를 들어야 하니까 학교를 갔는데, (한숨을 내쉬며) 준우 아빠는 조금이라도 "구조가 됐다"고 하니까 그 말에 안심을 좀 하는데, 저는 '배가 침몰했을 때 아무도 못 나왔을 거'라는 생각을, 직감을 했어요. '저기 준우가 빠져 있다고, 준우가 죽었겠구나' 그 생각이 화면을 보니까 나더라고. 구조는 무슨 구조야, 배는 침몰됐고 아수라장인데(울음).

그래서 급히 이모한테 전화해서[전화하니], ○○이도 놀랠까 봐 ○○이한테 말도 못 하고 친척들이 왔더라고. 연락을 하고 지금 막 난리가 난 거예요. 가까이 있는 친척들이 다 와가지고, 이모도 와가지고, 이모도 저보다 먼저 알았더라구요. 이모도 식당에서 일했는데 그 때 이야기를 듣고, 나 전화해도 안 받고 하길래 급히 나랑 통화를 한 다음에 이모가 왔어요. 그래서 아빠는 '상황을 보고 빨리 가야 한다'는 생각에, "준우가 구조됐다"는 그 말에 그냥 집에 가서 급히 뛰어가서 옷이랑 신발이랑 다 젖었을까 봐. 애기가 얼마나 무섭겠어요, 다 젖어 가지고 그럴까 봐 옷 다 챙겨가지고, 한 짐 챙겨가지고 준우 거만 챙 겨가지고 왔어요.

그러면서 내려갔죠. 진도로 급하게 내려갔어요, 1시엔가. 여기서 출발한 게 한 그쯤 됐을 거 같아요. 부모들이 내려가야 하는데, 진도 가 너무 멀잖아요. 애들은 사고가 오전에 났는데 차도 준비가 그때 안 되고 그래서 급하게 된 게, 차가[버스가] 그때 섭외가 돼가지고 타고 가는데 너무 멀었어요, 가는 시간이. 침몰했다고 하니까 못 믿었죠. 계속 가는 동안 인터넷도 볼 수도 없었고 누군가 말을 해도 들을 수가 없었고(울음). 오로지 '사고만 안 났으면 좋겠다. 가서 그냥 준우만 있 었으면 좋겠다' 이런 생각만 했는데, 가는 동안 차 안에서 너무 힘들 었어요. 준우 아빠가 "무슨 일 없을 거"라고, "우리 준우한테는 아무 일 없을 거"라고 그랬는데, (눈물을 훔치며) 중간중간에 전화가 오더라 고, 생존자 애들한테도 오고 선생님한테도 오고. [진도로] 가는 시간은 정말 힘들었던 것 같아요. 그때 가는 기간이 너무 힘들었고….

"준우 있냐?"고 누가 전화가 왔길래 "혹시나 우리 준우 아니야?" 하고, "이준우 아냐?"고 그랬더니 어떤 사람이 전화를 돌려받으면서 "준우 있냐?"고 물어보니까 어떤 아이가 "준우 있는 거 같다"고, "준우 도 생존해 있다"고 그러더라고. 근데 그 말이 내 귀에 안 들리더라고

(울음). 가는 길은 정말 힘들었어요, 진도까지 가는데.

　　○○이 같은 경우는 학교 끝나고 너무 애가 놀랬을까 봐 아주버님한테 이야기하고, 아주버님이 통화를 해서 "○○이는 학교 끝나면 상황 봐서 먼저 데리고 가겠다"고. 그래서 우리 먼저 내려가고 서울 수원 작은아빠가 ○○이 학교 끝나는 거 대기하고 있다가 ○○이 데리고 왔었나? ○○이 안심시키고 아마 늦게 왔던 거 같아요. ○○이는 학교 끝나고 ○○이도 공부하고 있는데, 나중에 물어보니까 "어떻게 형아 사고 난 거 알았냐?"고 했더니 애들이 갑자기 인터넷을 보더니 "단원고 사고 난 거 같다"고, ○○이도 "그렇게 알았다"고(울음). 근데 자기는 말을 안 했대요. "말을 안 하고 '형아가 사고 났다' 그러기에, '배가 침몰됐다'고 애들이 계속 점심시간에도 그리기에 차마 말도 못 하고 계속 숨기고 있었다"고 하더라고. '설마 우리 형아가 사고 났겠냐?'고. "형아는 너무 똑똑해서, '다른 사람들은 다 사고 나도 형아는 살아 있을 거'라고 그렇게 생각했고 절대 안 믿었다"고 하더라고(울음). 어떻게 형아가, 그렇게 똑똑한 형아가 안 나올 수 있을까 싶어서 자기는 "형아 수학여행 갔다고 말도 못 했다"고 그런 말 하더라고, 나한테. 그래 가지고 큰아빠랑 같이 [○○이가] 진도에 왔죠.


# 4
## 진도에 도착한 후, 첫날


면담자　　　큰아빠가 ○○이를 데리고 진도로 가셨군요.

준우 엄마　　네, 우리가 먼저 가고 거기는 다른 차편으로 ○○이를 데리고 [오고]. 우리가 먼저 갔을 때는 좀 캄캄했어요. 가는 길이 좀 멀어서 거기 도착하니까 캄캄하더라고요.

**면담자**　　버스를 대절해서 가셨죠?

**준우 엄마**　　네, 버스 대절하고 갔는데, 진도 체육관에 도착했는데 어마어마하게 기자들도 와 있고, 상황은 우리가 가는 동안 모든 게 다… 어마어마한 [많은] 사람들이 왔더라고(긴 침묵). 놀란 게, 너무 많은 기자들이 와 있고, 해외 기자들도 와 있고. 진짜 '나만 모르고 있었지? 모든 사람들이 다 알고 있었나? 이게 뭔 상황인가?' 그때부터 어리둥절한 거예요. 버스에서 내려서부터는 안산에서보다 더 심했던 거 같아. 벌써 준비가 다 돼 있는 거예요, 상황이. '뭐가 이렇게 빨리 상황이 돼 있지? 이게 뭔 일이지? 애들은 안 보이는데 왜 이렇게 어른들이 많지?' 지금 생각하면 자원봉사자들이고 밖에 천막이고…. 그리고 아이들 명단이 밖에 있더라고. 생존자 명단이 있는데 아무리 찾아봐도 준우가 없는 거예요. 내 눈에는 준우가 안 보이니까 준우 좀 찾아달라고(울음). 근데 이모도 준우 아빠도 계속 찾아봤는데 준우가 명단에 없는 거예요. 그 많은 아이들 중에서 준우가 명단에 없더라구요. 두 번, 세 번 읽어봤는데 준우가 명단에 없었어요(울음).

정신을 놓기보다는 뭐가 잘못된 것 같아서 안으로 막 뛰어갔죠. "이거 명단 잘못된 거 아니냐?"고, "우리 준우 어딨냐?"고 아무리 찾아봐도 체육관에는 준우가 없더라고(울음). 다른 사람 말로는 "병원에도 많이 있고 애들이 구조가 됐다"는데, 내 욕심만 차릴 수가 없어서 "많은 아이들이 어딨냐?"고 아무리 물어봐도 없는 거예요. 근데 저는 순간 놀란 게, 애들은 하나도 안 보이는데 진도체육관에 어마어마한 [많은] 사람들이 있었어요, 군인도 있었고 많은 관계자들. 지금 말해보면 관계자들이 있었는데, 그때까지만 해도 무슨 상황인지 제대로 설명도 못 해주고. 몇 명 갔는지, 몇 명이 살았는지, 이 아이들이 어디에서 구조됐는지, 언제까지 구조를 했는지 그런 상황 파악도 하나도 안 되고. "그러면 사망한 애들 명단은 어딨냐?"고, "몇 명이 갔냐?"고. 아무것도 없더라고. 준우 이름을 찾을 수가 없었어요. 거기서 명단 뽑아서 실시간으로 계속 아이들 명단을 불러주는데 저는 갑갑해 가지고 제가 그냥 프린트 앞에 있었어요. 복사기 앞에 있었는데 아무리 봐도 준우라는 아이 이름이 없는 거예요, 아무리 찾아도.

정신 줄은 놓을 수가 없었어요. '준우가 죽었다'고 생각지도 못했고 '준우가 없다'고도 안 믿었고. 어떻게든 준우를 찾아서 연락을 해봐야 하는데 아무런 저기도[소식도] 없는 거예요. 그때까진 준우가 없을 거라곤 안 믿었죠. 그땐 좀 힘들었던 것 같아요. 준우 아빠는 계속 알아보러 다니고 저는 준우 이름만 계속 부르고 있고. 근데 준우 또래 친구들이 없더라고. [그때] 애들이 어디 갔나 물어봐야 하는데, 많이 울었던 것 같아요, 목을 놓고 울었던 거 같아. 근데 그때 진도에선 안 믿었죠, 이 아이가 없을 거란 건… 좀 무서웠고.

안 믿었죠, 안 믿고 있는데 차를 돌려서 팽목으로 가자고 해서 팽목항으로 갔어요. 그래 가지고 저도 준우 아빠도 팽목까지 와서, 그 거리도 상당히 멀더라구요, 진도에서. 그때 날씨가 되게 추웠던 것 같아요. 그때 밤이 캄캄했었어요. 엄청 날이 어두워져 있고 진도[팽목항]에 갔을 때는, 체육관하고 다르게 아무것도 없었어요, 마지막 그 항구까지 끝까지 갔는데도. 생각보다 기자들이 참 많이 왔더라구, 그런 것도 생각이 나고.

**면담자**　　　4월 16일 당일 밤에 팽목항으로 가신 거죠?

**준우 엄마**　　첫날. 나도 진도 체육관에 그렇게 많은 기자들이 왔다는 것에 대해서 지금도 너무 놀라는 게, 언론이 많이 전달해 주지도 않고 정확한 사건 [보도]도 없었고 오로지 사진만 찍고 그런 게 너무너무 미웠던 것 같아요. 진도 팽목으로 갔었는데, 팽목에서도 엄청 춥더라고 그때. 근데 추운 것도 뭣도 모르죠, 그때는 옷도 얇게 입고 갔었는데. 거기는 이미 많은 사람들이 와 있는데, 많은 사람들이 아니라 기자들이 너무 많이 와 있더라고. 그래서 아무런 저기도 없었고 바다만 바라보고 있어도 너무 허망했었고… 아무런, 우리를 위로해 줄 아무것도 없었고 설명도 없었고. 거기 관계자가 있었는데도 우리가 가서 물어보면 질문[답]도 못 해주고. 그때는 너무 못 믿었죠. 그때가 많이 캄캄해서 바다도 안 보였던 거 같아요, 상황이. 애기를 데려와야 하는데 애기를 데려올 사람들도 없었고, 거기 가까이 갈 수 있는 배도 아무것도 없었고. 그냥 멍하니… 그냥 바다만 보고 있었어요. 내가 가서 직접 눈으로 보지 못하고 애기를 꺼내오지 못하니까 그게 너무 답답하더라고, 정말 살아 있는지. 그때는 많이 힘들었죠. 거기 있던 학부모들이 그때 난리가 났었어요. (면담자 : 첫날에?) 네, 첫날.

근데 부모가[부모로서] 뛰어내리지 못한 게 지금 원망스러워. 그때 바다에 뛰어들어서라도 어떻게 좀 찾아볼걸. "너무 먼 바다"라고, "팽목에서도 엄청 멀다"고 하더라고, 그때 이야기를 들어보니까. 지금 생각해 보면 아무것도 없었어요. 오로지 기자들밖에 없었던 것 같아요, 카메라하고(울음). 나중에 "너무 춥다"고 해서 누군가가 담요를 갖다 줬는데 "담요 덮으라"고. 담요를 받은 이유가 준우 오면 씌워주려고. 밤새 준우를 기다려야 하니까 담요를 몇 개 챙겼어요. 그때 어떻게 된 상황인지를 아무도 이야기 안 해줘서, 그게 지금 보면 너무 미안하더라고. 준우한테(울음). 그때 바다가 그렇게 캄캄하고 무서운 줄을 몰랐었죠. 시간이 좀 많이 지나서 준우 고모도 오고 많은 사람들이 왔었어요. 먼저 도착한 사람들은 학부모들이고 나중에 친척들도 많이 왔었고. 이런 큰 사고가 우리한테 있을까, 많이 당황스러웠고… 부모들이 그때 아무런 저기도[도움도] 못 받고 그냥 바다에 홀로 서가지고 그냥 맨바닥에 앉아서 애들 이름만 부르고….

실제 우리나라에서 이뤄진[일어난] 건가? 그때는 배도 뜰 수도 없고, 아무거라도 뭔가 될 수 있다는 이야기가 없더라고. 다들 그냥 날만 새기를 기다리는 것 같더라고, 거기 관계자들은. 그래서 준우 아빠가 급히 알아보니까 "배를 빨리 한 대 대라"고, "애들 사고 난 데가 어디니까 빨리 [애들을] 구해줘야 하니까 배를 섭외해 달라"고 해서 배를 섭외했던 것 같아요, 급하게. 거기는 아무것도 없었어요, 천막만 있었어요. 그냥 너무 우리나라가 조금 너무 미웠어요. 밤새 거기서 떨고 있다가, 거의 아침 될 때까지 어디 들어갈 생각도 안 하고 먹을 생각도 없었고 그랬어요.

# 5
## 팽목항에서 이튿날

**면담자**     당일 저녁부터 팽목항에 계속 계셨던 건가요?

**준우 엄마**   그때부터 계속 있었어요, 준우 찾을 때까지.

**면담자**     다음 날은 어떠셨어요?

**준우 엄마**   해가 뜨니까 조금 많은 사람들이 왔었는데 엄마들, 아빠들 쉴 곳이 없더라구요. 그래서 거기 대합실인가? 준우 아빠가 왔어요, 아침에.

**면담자**     아버님은 배를 타고 현장에 갔다 오신 건가요?

**준우 엄마**   네, 밤에 배 타고 들어갔었어요. (면담자 : 다른 아버님들과?) 네, 많은 인원은 아니었고. 준우 아빠도 그때 아무도 모르죠, 누가 부모인지 누가 저기인지 아무도 모르는 상태에서 갔다가 왔는데, "어떠냐?"고 했더니 "아무것도 보이지 않는다"고. 그래서[도] 아빠도 그때까지 안 믿고 저도 안 믿었죠. '우리 아들은 어디 살아 있을 거'라고 믿었지. 정말 준우가 잘못될 거라고는 안 믿었으니까, 믿음만 있었으니까.

　날이 밝았는데, 그때 대합실이 있었는데 준우 아빠가 "대합실을 빼가지고 긴급회의를 해야 하지 않겠냐?"고. 그래서 학부모 몇 명이 먼저 조치를 취하고 있더라고. 그래 가지고 대합실 다 빼가지고 거기다가 책상 놓고 의자 놓고. 그때부터 준우 아빠는 그쪽 일을 보고. 저는 그 근처를 떠날 수가 없어서, 준우가 빨리 오기만 기다려서 계속

준우 엄마 장순복

그 끄트머리에 앉아 있었고 갈 수가 없었어요, 움직일 수도 없었고. 거기서 한발도 움직일 수도 없었고…. 그러다가 그쪽에 좀 쉴 수 있는 공간을 만들어주더라고요, 소방서에서(침묵). 저는 그냥 '준우가 살아 있을 거'라고만 생각했어요, 계속. 너무 무서워 가지고 어떻게 해야 할지 모르겠으니까.

면담자  ○○이는 언제 내려왔나요?

준우 엄마  ○○이는 언제 왔었지? ○○이는 기억이 안 나요, 잘.

면담자  ○○이는 아주버님께서 데리고 오셨다고 했죠?

준우 엄마  네, ○○이는 아주버님이랑 같이 있었고. 나중에는 팽목에 있으니까 방을 몇몇 만들어줬어요. 컨테이너가 아니라 이렇게 지붕 달린 하우스를 만들어줬는데 "거기서 잠깐 쉬라"고 하더라고. 원래는 거기가 우리 자리가 아니라 소방 직원들이 쓰는 잠깐 만들어놓은 공간이었는데, 우리가 너무 힘들어하니까 거길 비워주더라고. 자기들이 비워주고 우리를 "거기 들어가라"고 하더라고요. 저 같은 경우에는 바로 거기 대기실 바로 앞에, 바닷가 바로 앞에 있었어요. 나중에 자고 있으면 진짜 물이 올라올 정도로 그럴 정도로 열악한 곳에 있었어요. 비가 오면 비도 새고. 근데 그런 게 문제가 안 되더라고요. 그다음 날 친척들도 많이 왔었고. 아무리 준우를 여러 명이 와서 목메어 불러도 준우는 나오지도 않고 답답한 마음이었었죠. 그때 아무런 상황이 안 됐으니까. 준우 아빠는 그때부터 계속 바닷가에 들어가 있었고, 저는 준우랑 준우 아빠랑 기다리기 바빴고.

# 6
## 팽목항에서 준우를 찾을 때까지

**면담자**    "체육관과 팽목항에 공무원도 있었다"고 하셨는데, 어머님은 그들과 이야기한다거나, 항의한다거나 하셨나요?

**준우 엄마**    저는 체육관에 있었던 건 잘 몰라요. 체육관 한 번도 안 가봤어요.

**면담자**    체육관은 안 계셨어요?

**준우 엄마**    한 번도 안 가봤어요.

**면담자**    소방대원분들이 마련해 주셨다는 처소에는 몇 분 정도 계셨나요?

**준우 엄마**    그때는 많이 들어갔었어요. 10명 넘게? 열 가족 넘게.

**면담자**    어머니는 왜 체육관에 안 가셨나요?

**준우 엄마**    체육관에 가는 게, 왜냐면 준우 아빠가 배를 타고 나가서 안 들어오니까 걱정됐고, 준우를 제일 먼저 받아야 할 곳이 그쪽인 것 같아서. 배가 오면 선착장에 들어와야 하잖아요, 먼저. 그래서 거길 떠날 수가 없었던 거죠, 첫날부터. 옆에 누가 있는지도 잘 몰라요, 그때는 너무 막 아수라장이어서. 파도도 너무 셌었어요. "그 전날까지만 해도 파도가 안 셌다"고 하던데 그날은 너무 파도가 세가지고. 그다음 날 눈을 떠보니까 모든 게 준비가 돼 있더라고. 이제는 자원봉사자들도 막 와 있었고, 한 번씩 팽목에 있다가 밖에 나갈 때마다 깜짝깜짝 놀랐어요. 하루가 지나면서 애들 구조보다도 그렇게 많은 사람들이 왔다는 거, 자원봉사자들을 비롯해서 여러 사람들이 왔다는 것에 대해서 너무 놀랐고, 아이들 구해준다는 소식은 하나도 없었고. 그래서 준우 아빠가 그쪽 해경 팀하고 이야기를 많이 했었죠. 계속 저는 그냥 바라보는 거였고. 왜냐면 ○○이도 있었으니까, 며칠 ○○이도 있고 친척분들이 계속 왔으니까. 근데 그 사람들도[해경들도] 아무것도 몰랐어요. 어떻게 된 상황인지 보고도 잘 안되고, 그런 사람들한테 "뭐 해달라"고 해도 잘되지도 않았고. 근데 가족보다도, 당사자가 아닌 제2의 제3자의 가족들은, 좀 우리랑 다르다는 생각을 했었어요, 거기서 많이.

**면담자**      어떤 부분이 많이 달랐나요?

**준우 엄마**      그때는 많은 친척들이 와서 위로를 해주면 그게 정말 싫었던 것 같아, 위로가. 그때는 모르는 사람들이 위로를 해주러 왔고 상황을 보러 왔는데, 누구 하나 정부에 대해서는…. (눈물을 훔치며) 난 너무 아프고 너무 준우가 보고 싶고 너무 힘든데, 거기 우리 식구들만 그런 게 아니라 모든 사람들, 당사자들 말고는 누구 하나 정부에 대해서 앞질러서 이야기해 준 적이 없었고, (눈물을 훔치며) 오로지 부모들만 나서서 한다는 게 너무나 아픈데, 너무나 숨도 쉴 수가 없는데……. 그때 사람들도 많이 왔어요. 외지 사람들도 많이 왔는데 누구 하나 정부 관계자한테 목소리를 크게 내지 않더라고요. 오로지 엄마, 아빠들만 나오지도 않는 목소리로 말해야 하고, 너무나 부모들을 화나게 만들고(울음). 그냥 무슨 말 해주나, 누가 무슨

95
•

말 하나, 누가 왔나 그런 거나 보고 있고, 그냥 엿들어서 이야기만 해주고. 근데 거기 계시는 분들도 관계자들도 아무것도 모르는…. 회의를 할 때도 보고를 듣고 그 내용 가지고만 해요. 처음에는 브리핑도 없었어서, 아무것도 체계적이지가 않아서 시간이 흐르면서 하루하루 만들어진 게 너무 답답했어요.

선뜻 지휘가 안 되고, 해군 장교들 모두, 해수부 관계자들도 발만 동동 구르고 있더라고, 대답을 못 해주니까. 그래도 준우 아빠는 침착하게, 화를 내는 게 아니라 어떻게든 준우를 위해서 화를 내면 안 되니까, 준우를 어떻게서든 구해 와야 하니까. 근데 애들이 죽었는데 어떻게 구해야 할지 협상한다는 게 너무 힘들었어요. 2, 3일 보고 있는데 애들 찾을 생각을 안 하고, "바다에 나갈 수가 없다"는 말만 하고. 애들 구조도 어떻게 해야 할지 몰라서 그쪽 사람들이 그냥 부모들을 먼저 포기하게 만들었던 거 같아요. 대통령이 와도 아무것도 해주지도 못하고, 그냥 헬기 타고 한 번 나갔다 오는 게 다였고. 구조를 할 수 있는 그런 명백한 게 없었어요.

나는 거기서 많이 울 수도 없었어요. 목 놓아서 준우를 부르고 싶은데 그럴 수가 없었어요. (눈물을 훔치며) 준우한테 미안해서 한 번도 바닷가 가서 준우를 불러본 적이 없었어요. 미안하더라고, 저는 "배가 침몰했다"고 방송에 나왔을 때 준우가 사고 난 줄을 바로 직감했어요. 그래서 울고 싶지도 않았고 더 이상 찾아달라고 말도 하기 싫었고(울음). 저는 거기서 울 때도 마음대로 소리도 못 내고, 누가 들을까 봐 이불 뒤집어쓰고 울고. 내 아이가 없는데, 내 아이가 아직 돌아오지 못했는데(울음). 저는 준우한테 공부를 좀 많이 시켰었어요. "준우야 네가 공부하는 이유는 우리나라가 너무 IT가 발전해서 잘사는 나라니까 나라가 되어야 하니까 네가 그걸 이겨내야 한다"고. "너무나 많은 나라들이 강대국인데 우리나라는 너무 힘드니까 공부 열심히 해서 IT 산업 꼭 이루라"고. 그래서 준우 꿈이 보안전문가였어요. 준우 꿈이 자꾸 바뀌었어요, 준우가 중학교 때 꿈은 정말 자고 일어나면 바뀔 정도로…. "자기 꿈보다도 엄마가 이야기하는 그런 사람이 되겠다"고, "엄마가 부러워하고 엄마가 원하는 그런 사람이 되겠다"고 했는데… 나는 사고가 났을 때 준우를 못 구해주는 게 너무 미안해서, 준우가 바라던 세상을 이렇게 살아야 하다니……. 할 게 많고 꿈이 많은 이 아이를 구해주지 못한 거 같아서 미안해서 제대로 울지도 못했어요.

(눈물을 훔치며) 사고 났을 때 준우는 좀 늦게 돌아왔는데, 저는 준우가 제일 나중에 나올 줄 알았어요. 나는 내 자식 빨리 구해달라고 말도 안 했어요. 빨리 찾아달라고 말도 안 했어요, 말을 할 수가 없었어요(울음). 난 지금도 준우한테 너무 미안해요. 계속 살 수 없는 나라였는데, 준우가 다 할 수가 없는 나라였는데, 나는 이 나라에서 잘 살기를 바랬던 거예요, 준우가 공부 열심히 해서. 준우는 해줄 게 너무 많았어요, 엄마한테. 저는 준우가 어렸을 때부터 "꿈을 크게 가지라"고 했었거든요. 그래서 책도 많이 읽히고 그래서 다른 친구들하고 노는 것보다 엄마랑 이야기하고 노는 게 인생을 빨리 배울 것 같아서 애기 수준 높여준다고 계속 엄마 친구들 모임에 데리고 다니고, 만화영화 안 보여주고 드라마 보게 하고. "빨리 세상을 깨달으라"고 "친구들하고 놀지 말라"고, 항상 형아들하고 놀게 하고, 뭐든지 빨리빨리 할 게 많은 아이라고 생각했는데…. 준우는 "엄마 꿈을 다 이루어준다"고

했었어요. 엄마가 노래 부르고 있으면 "작곡가가 되겠다"고 그러고, 엄마가 책을 읽고 너무 좋아하면 "작가가 되겠다"고 그러고.

나중에는 준우가 "보안전문가가 된다"고 했는데. [수학여행] 가기 전에는 한 번 "준우야, 왜 보안전문가가 되겠니?"라고 했을 땐 "우리 나라가 무슨 일을 당하면 한번 크게 당할 거 같은데, 그때 크게 당하 면 엄마가 살아 있고 모든 사람이 살아 있는데 우리나라가 불행해지 면 안 되잖아요". 그래서 준우는 공부를 열심히 해서 이과에 갔어요. "이과에 가서 공부를 열심히 해서 공학박사가 되겠다"고. 그래서 생각 해 보니까 준우가 할 수 있는 게 "보안전문가가 돼서 이 나라가 만약 에 무슨 큰 사고가 한번 나면, 우리나라가 약해 가지고 강한 나라에 만약에 지배를 당한다면, 그래서 우리나라가 잘못된다 그러면 어떻게 든 보안만은 확실히 지가 가지고 가겠다"고 했었거든요. 그래서 예전 처럼 전쟁이 일어난다고 해도 국민들이 잘살 수 있는 방법은 준우가 보안전문가가 돼서 전쟁이 나면 무조건, 준우 말로는 "모든 IT 산업을 다 가지고 미국으로 가겠다"고. 그래서 "숨어 있다가 어느 정도 전쟁 이 끝나면 그때 다시 들어와서 우리나라가 빨리빨리 경제적으로 일어 날 수 있게 해줄 거"라고. 그래서 "모든 보안이 중요하다"고 준우가 말 했었거든요.

그래서 준우는 어렸을 때부터, 핸드폰을 2G[폰]을 끝까지 쓰고 있 었지만 준우는 삼성 거를 안 썼어요, 잘 쓰기 싫어했어요. 준우는 애 플을 좋아했었어요. 애플, 미국 거를. 그래서 "준우야, 왜 삼성도 있는 데 우리나라 삼성을 쓰고 우리나라 제품을 써야지. 준우야, 왜 자꾸 남의 나라 거를 쓰니?"라고 했을 때 "엄마, 모든 사람들은 삼성 갤럭시가 좋아서 핸드폰을 쓰고 노트북을 쓰고 다 쓰지만, 우리나라밖에 생각을 안 하고 있으면 나중에 그릇이 너무 작다"고 그러더라고. 그래서 준우는 인터넷 검색도 모든 게, 공부하는 게 애플 쪽으로, "미국 강대국 애플이 제일 강하다"고 그러면서 애플 핸드폰을 쓰더라고. 많은 사람들이 우리나라 제품을 쓰고 있으면 그 반대로 안 쓰는 사람들이 있는데, 애플을 쓰게 되면 준우 말로는 "내가 애플 회사를 정복할 수 있을 거"라고, 언젠가는 미국을 정복해서 "지금 내가 엄마, 한국 거 안 쓴다고 뭐라 하지 마. 내가 자꾸 미국 제품 쓰고 미국에 대해서 관심이 많은 게 그 사람들을 알고, 어차피 다른 사람들 한국 제품을 많이 쓰고 있어도, 나라도 한국 제품 쓰지 말고 외국 제품을 쓰고 있어야지" 그러더라구요.

애플하고 강대국하고 맞섰을 때 자기가 남들이 모르는 거를 많이 알 수 있을 거라고 그런 이야기를 좀 풀이했던 것 같아요. 준우가 약간 논술 쪽으로 말을 잘해요, 애가. "한국 사람들이 한국 제품만 쓴다고 한국 것만 계속 갖고 있으면 안 되고, 외국 것도 자기가 써봐야지. 어차피 한국 사람들은 [한국 제품을] 많이 알고 있으니까, 자기가 모르는 외국 거를 많이 써서 쉽게 대응할 수 있을 거"라고 그런 말을 막 하더라고. 그래서 항상 그런 식으로 이야기를 많이 했었어요. 준우가 고등학교 1학년 들어갔을 때도 "막 떨린다"고 "잠이 안 온다"고 그래서, "왜 준우야 잠이 안 오니?" 그랬더니 "엄마, 학교[에서] 설명회가 있는데", 고등학교 1학년 초반이었던 거 같아요. "학교 설명회가 있는데 IT에 대해서 누가 설명을 한다"고 하더라고. 그래서 그날 밤을 잠을 못 자더라고, 애가 떨려가지고. "엄마 위대한 사람이 온대, 그 사람이". 준우 말로는 뭐라고 했지? 애플인가 삼성인가 거기에서 아주 그런 IT 전문가가 온다고, 강연회가 있다고 해서. "언제 온다고 했지?" "한 일주일 남았다"고 하더라고. 그것만 기억하고 있는[있던] 것 같애, 계속.

"준우야, 그 사람이 오면 어떻게 할 거야?" 그랬더니 "내가 너무너무 잠이 안 와서 떨린다"는 거야. 그래서 준비를 하자고 했어, 준우한테. "그런 사람들은 만나기 힘드니까 좀 흥분이 된다"고 그러길래, "만나기 힘드니까 그 사람이 왔을 때 어떤 질문을 할지 좀 생각을 해보라"고 했어요. 그랬더니 막 자기 혼자 신나가지고 준우가 그런 말을 하더라고. "엄마, 내일 내가 그 사람을 만나게 될 텐데 너무 떨린다"고 그러면서 "어떤 질문을 해야 할지 모르겠다"면서 자기가 "제일 궁금한 걸 질문하겠다"고 하더라고. '그런가 보다' 하고 깜박 잊었는데, 어느 날 친구 딸내미를 만났는데 친구 딸내미가 걔네 엄마한테[친구가 딸한테], "엄마 친구 아들이 이준우"라고 그랬대요. 그랬더니 그 집 딸이 깜짝 놀라더래. "어? 나 걔 이준우 아는데?" 그래서 "어떻게 이준우를 아냐?"고 했더니, 언젠가 강당실에서 애들 다 모아놓고 IT 사람이 설명회를 해줬대요. 근데 어떤 아이가 계속 손을 들더래. 손을 들면서 계속 무슨 영어로 뭘 물어보더래, 혼자 막 얼굴이 상기돼 가지고. 그래서 그 아이의 "이름이 뭐냐?"고 물으니 "이준우"라고 하더래. 그래서 되게 똑똑한 줄 알았대. 그래서 준우한테 물어본 거지, 그거 이야기를 듣고 그 아이가 생각난다고. 그 아이가 손을 들고 막 질문을 하더래, 그 사람한테. 근데 자기들이 알 수 없는 용어를 막 쓰더래. 그래서 그 딸내미 하는 말이 "걔가 되게 공부를 잘하고 똑똑한 아이였나 보다" 했는데, 알고 보니까 자기 엄마의 친구 아들이었던 거지.

준우한테 물어봤어요. "어제 학교에서 선생님 만났는데, 너 그 이
야기 했었어? 설명회 때 했었어?" 했더니 자기가 "물어보고 싶은 게
있었는데 모든 게 애플 거를 보다 보니까 그 용어들이 다 전자 용어들
이 있다"고 하더라고. "내가 똑똑한 게 아니라 자기들이 몰랐던 거고
나는 너무 궁금했던 거를 물어보는 건데 왜 그렇게 견해 차이가 있냐"
고 그러면서, 그 딸내미도 공부를 되게 잘하는데 그 딸내미는 "준우가
하는 말을 하나도 알 수가 없었다"고 하더라고, 무슨 막 용어를 쓰기
때문에. 근데 준우는 거기서 느낀 거지, 자기는 이미 알고 있는데 다
른 애들은 모르고. 남들이 안 하는 걸 많이 좋아했었어요, 준우가.

그래서 나랑 준우랑 그런 이야기 하는데, 예를 들어서 준우는 그런
말을 많이 했었어요, 박근혜가 당선됐을 때도 "너무 걱정이 된다"고.
"왜 걱정이 되니?" 그랬더니 한숨을 쉬더라고. "아빠 닮아서 아는 사람
도 많고 정치적으로도 뭐든 잘할 수 있지만, 만약에 무슨 우리나라에
사고가 나면 대처를 못 할 텐데 어떡하지, 엄마? 나 너무 안타까워". 그
래서 "네가 왜, 그거 다 밑에 사람들이 할 텐데 네가 뭘 걱정이야" 그랬
더니 "엄마, 박근혜는 군대를 안 갔다 왔잖아. 군대 안 갔다 온 여자가
만약에 우리나라에 정말 무슨 일이 있으면 남들 이야기를 따라야 될
텐데, 자기가 판단해야 할 텐데 안 되면 어떡하지? 엄마, 나는 박근혜
가 대통령 된 게 제일 걱정되는 게 그거야. 큰 우리나라에 사건 났을
때 대처를 못 할 때 어떡하지?", "그런 일이 있겠니?" 했었죠.

준우가 보안전문가가 된다고 할 때도 너무 걱정이 돼서, "[박근혜
의] 아빠는 박정희 때 새마을운동을 해서 크게 일으킨 사람인데, 박근
혜는 정말 우리나라에 무슨 일이 생겨가지고 사고 났을 때 아빠처럼

똑같이 한다고 하면 이미 사람들은 시대가 흘러가지고 너무 편한 삶을 원하는데, 뭐 새마을운동이고 무슨 운동이고 그게 어떻게 되겠냐?"고. "그래서 내가 보안전문가가 돼서 만약에 사고가 나면 얼른 모든 데이터를 다 빼가지고 미국으로 도망가고 우리나라 사람들이 한 1, 2년 있다가, 옛날처럼 10년을 갈 수 없으니까 1, 2년 내에 빨리 정상이 돼야 하니까, 요즘 사람들은 일하기도 싫어하고 고생도 안 해봐서 고생할 줄도 모르고, 우리나라는 새마을운동은 한물갔다"고 그러면서 "시대에 맞게끔 살 수 있게 해줘야 한다"고 그런 이야기를 하고 있었죠.

나는 준우를 그렇게 강하게 키웠고 이렇게 키웠는데, 준우가 만약에 그렇게 사고 났을 때 아무것도 대처가 안 됐다는 게 그게 너무 분통이 나더라고. 미안해서 준우를 보고 울 수가 없었어요. 그때 순간 나는 팽목에서 사고 난 게, 그런 게 준우한테 너무 미안하더라고. 키웠던 게 한순간에 무너진 거 같아서. 그런데 준우가 안 나오더라구요. 하루 자고 이틀 자고 열흘 잤는데 준우가 안 나와서 '아, 준우가 나오기 싫은가 보다. 얼마나 생각이 많았으면 저 바다에서 나오지 않았을까. 얼마나 저 아이가 하고 싶은 게 많았으면'.

(눈물을 훔치며) 나는 생존한 아이를, 제가 팽목에 있었을 때 올라가질 못하니까 제가 아니라 이모가 만나봤어요. 준우 반은 한 명 애가 살아 나왔는데 이모 아는 사람 아들이라고 해서 이모가 어떻게 알아봤나 봐요. "너 혹시나 우리 준우 본 적 있냐?"고 물어봤대요, 아는 사람 통해서. 그랬더니 준우란 애는 기억이 잘 안 나는데 마지막 자기가 본 거는 자기는 다른 실에 있었고 선생님이 갑자기 "모이라"고 하더래요. "집합하라"고 그랬대요, 7반, 8반. "집합하라"고 했는데 자긴 집합

을 안 하고 계속 놀고 있었대요. "그 마지막에 나온 모습이 어떤 모습이었냐?"고 했더니, 자기가 "6시쯤엔가 일어났는데 애들이 그때 다 일찍 일어났다"고 하더라고. 그러면서 애들이 베개 싸움을 막 하더래요. "베개 싸움을 하면서 베개가 막 터지는 걸 보고 나왔다"고 하더라고, "그게 애들 마지막에 본 모습"이라고. "준우도 거기 있었던 거 같다"고. 그리고 준우 같은 경우는 모르겠어요, 지금 상황이 어떻게…. 지금 기억하기 좀 힘들어요, 말하기도 힘들고.

## 7
### 팽목항에서 준우 아버지 생활

**면담자**    아버님은 진도에서 어떻게 지내셨는지요?

**준우 엄마**    준우 아빠는 한 3, 4일 동안 얼굴을 못 봤었어요. 자지도 못하고 먹지도 못하고 씻지도 못하고 화장실도 못 가고 그랬던 거 같아, 아빠는. 준우 아빠가 첫날 저한테 "여기 가만있으라"고 하더라고. "준우한테 전화 올지 모르니까 나라도 어디 가면 전화가 안 통하니까 여기 있으라"고, "꼭 전화받으라"고, "준우한테 전화 올 거니까". 그래서 아빠는 자꾸 바다에 나가고 저는 준우한테 [전화] 올까 봐 핸드폰만 쳐다보고 있었고. 핸드폰은 준우 거는 꺼져 있더라고. 그래도 혹시나 친구들 거 빌려서 할 줄 알고 계속 기다렸죠. 아빠는 먹지도 못하고 너무나 스트레스를 받았었는지, 아빠를 3일인가 4일 있다가 만났어요. "밥 먹었냐?"고 했더니 "밥을 한 끼도 못 먹었다"고 하더라고. 준우 아빠가 "조금만 눈을 붙인다"고 하길래 "눈을 붙이라"고 했더니 약 좀 달래요, "아프다"고. 그래서 "왜 아프냐?"고, 그래서···.
아, 잠깐 씻고 온다고 했나? 잠깐 씻고 온다고 했는데 나한테 그러는
거야, 자기 "몸에 뭐가 났다"고. "뭐가 났지?" 하고 봤더니 땀띠 같은
게 났더라고. "이게 왜 이렇게 아프지? 이게 뭐지?" 하고 봤는데 저는
처음 보는 거여서 나는 그냥 땀띠라든지 아니면 몸에 나는 알레르기
인 줄 알았더니, 거기 병원이 있었는데 그 의사가 그러더라고 준우
아빠한테, 뭐지? 몸에 나는 거? (면담자 : 대상포진?) 응, "대상포진"이
라고 하더라고.

　"대상포진인지 몰랐냐?"고 그렇게 물어보더라고. 그래서 "몰랐다"
고 그랬더니 "대상포진인데 이렇게 힘들었을 텐데, 왜 약도 못 먹고
이제 왔냐?"고 그랬어요. 준우 아빠는 팽목에 갔을 때 첫날, 둘째 날,
셋째 날 너무너무 준우 때문에 고통스러웠대요. 그래서 몸에 그 순간
에 대상포진이 막 나오는 거야, 바닷가 갔는데. 근데 [의사가] "몰랐
냐?"고 그랬더니 준우 아빠 말로는, 대상포진이 엄청 아팠을 텐데 자
기는 그랬대요, '아, 내가 너무 고통스러워서 이렇게 아픈가 보다'. 그
러고서 여기 몸이 너무 아팠는데도 말을 못 하고 "내 고통이 이렇게
아픈가 보다. 그냥 자식 죽은 아빠 마음이 이렇게 아픈 거다" 싶어서
대상포진이 난 줄 모르고 자기가 '그냥 아프다'고만 생각했대요. "그
냥 아프다고 생각해서 되게 고통스러웠다"고 그 말 하더라고. "고통이
이렇게 힘든지 몰랐다"고 했는데, 준우 아빠는 그때 대상포진이 그렇
게 고통스러웠는데 그거를 준우 죽음으로 표현을 하더라고. 그때 약
이 없었어요. 그런 약들이 준비가 안 돼서 할 수 없이 서울에 있는 사
람한테 약 좀 얻어 오라고 진단 끊어서, 그래서 약도 먹고 했는데 좀

힘들었었어요. 낫는 기간도 오래 걸렸었고. 그게 치료가 꾸준히 되지도 않았었고 그런 약들도 계속 없었기 때문에 많이 힘들었었어요.

준우 아빠 같은 경우 밥도 거의 못 먹고 살이 쭉 빠졌었죠. 준우 아빠도 준우를 구하는 것보다도 이 상황이 전개를 하려고 되게 노력하더라고. 남들처럼 소리 한 번 지르지 못하고, (한숨을 내쉬며) 남들처럼 그 사람들하고도 화도 안 내더라고, 준우 아빠는. 화도 안 내고 어떻게든 거기 여러 해군도 있었고 잠수사도 있었고 해경도 있었고 정부 관계자들도 있었지만, 준우 아빠가 어느 사람한테나 한 명한테도 소릴 지르지 않더라고. 나는 그게 조금 싫었어요. 준우 아빠도 너무 힘들었을 텐데 좀 울기도 하고 소리도 지르고 주먹질도 한번 해봤으면 좋았을 텐데…. 내가 본 준우 아빠는 지금처럼 그대로였어요(울음). 저도 그렇지만 워낙, 정말 한이 된 게 자식이 죽어도 소리 내어 울지도 못하더라고, 준우 아빠는 첫날부터. 사람들이 그랬어, 나중엔 나를 쳐다보는 게 이상하게 쳐다보고. 사람들이 나를 좀 싫어하더라고, 팽목에서도. 알고 봤더니 우리가 부모가 아닌 줄 알았대, "부모가 아닌데 부모 노릇 하는 것 같다"고. 준우 아빠도 "학부모도 아니면서 어떻게 학부모 대표로 저렇게 있냐?"고 사람들이. 같은 [실종자] 가족도 저를 쳐다보고 째려보고 욕하고 그랬어요, 제가 가족 아닌데 가족 행세 한다고.

다른 사람들처럼 욕도 하고 발로 차고 물건도 깨뜨리고 그랬으면 좋았을 텐데. 나는 언제나 바닷가 가서 준우만 기다리고 준우 아빠만 기다렸으니까요. 그리고 준우 아빠, 욕도 많이 얻어먹었어요. 준우 아빠는 중간에 많이 제재를, 중간에서 이런 걸 하는데 사람들이 "야, 이

새끼야, 네가 가족이냐? 넌 가족도 아니면서 왜 네가 나서" 그런 욕들을 많이 할 때 준우 아빠도 많이 힘들었었고 저도 힘들었었어요. 지금까지 저랑 준우 아빠는 그렇게, 준우에 대해서 많이 울지 못했던 것 같아요. 내가 준우 아빠한테도 "그렇게 열심히 하지 말고 좀 울어보라"고 그랬으니까. [아빠는] "그렇게 할 사람이 없다"는 거예요, 지금. 내가 팽목에서 본 준우 아빠는 계속 잠도 못 자고 새벽 내내 회의하고. 여기저기 물어보고 말도 크게 할 수 있고 화도 낼 수도 있는데, 화한 번 안 내고 계속 풀어간다는 게…. 준우 아빠가 해야 할 일이 아닌데 그걸 계속 준우 아빠가 했다는 게 그게 너무 속상했었어요. 울 수도 없었어요. 준우 아빠 표정, 준우 아빠 행동 하나하나를 보면 알 수 있는데, 거기서 준우 아빠 안타까운 마음이 너무 많이 나왔고. 자식이 죽었는데 한 번도 울어보지도 못한 준우 아빠 심정을, 지금도 "목메서 울지도 못했다"고 하더라고. 나는 준우 아빠 한 번도 우는 모습을 못 봤어요. 그래서 저도 준우 아빠 앞에서 우는 모습을 못 보여줬어요.

그래도 준우 아빠가 그 정도는 했으니까 이런 사태가 그나마 진행되지 않았나 싶기도 하고. 근데 가족이 아닌 누군가가 이렇게 열심히 해주지 않았던 게 너무 속상했어요. 아이를 찾아야 하는데, 아이가 죽었는데 울지도 못하고 상황 파악을 계속해야 하고, 부족한 거 있으면 이야기도 들어줘야 하고 밥도 못 먹고. 나는 그런 준우 아빠가 참 싫었어요.

그런데 하루는 우리 준우 아빠 남동생이 있었는데 같이 배를 좀 많이 타고 다녔어요. [그래서] 내가 항상 보디가드처럼 옆에, "준우 아빠 무슨 일 있을지도 모르니까 준우 아빠 가면 무조건 따라가라"고,

"화장실도 따라가고 바지선도 따라가라"고. 근데 바지선을 따라갔는데 항상 남동생이 따라다녔어요, 준우 아빠 곁을. 준우 나올 동안 가서 옆에 있으면서 밥도 "먹으라"고 그러고 많이 그랬는데, 하루는 그런 말을 하더라고. "형수", "왜? 우리 준우 아빠 많이 울었어?" 그랬더니 "형수, 준우 아빠가 오늘 울었어요", "왜 울어?" 그랬더니 준우 아빠가 울지는 않는데 그 현장까지 가가지고 항상 뒤돌아 올 때 준우 아빠가 "배 끄트머리에서 몇 번을 소리 지르고 우는 걸 봤다"고 하더라고. 자기가 근데 "알면서도 준우 아빠한테 다가가지 못했다"고, "두 번인가 울었는데 그게 다"라고. 남들 있을 땐 절대 안 울고, 항상 준우 구하지 못하고 그때그때 [바지선을 타고 사고 현장에서] 나올 때마다 준우 아빠가 "엄청 크게 울었다"고, "바다를 보고 울었다"고 "그때 형 울었다"고 그런 말만 하더라고. 우리는 애들 가르칠 때 준우를 강하게 키웠었지. 항상 바른 마음으로 바른 행동으로만 애들 키웠어요. 모질게 키웠죠, 험하게가 아니라 좀 엄하게 키웠어요, 준우를. 그러니까 준우 아빠도 울 수가 없었지, 너무나 미안해서.

준우 찾기 [전] 한 4월 말쯤인가? 그때 한번 대통령이 팽목에 왔었어요. 대통령이 너무 초라해 보이더라고요. 사람들은 왔다고 우르르 갔는데, 저는 거기 오래 있으니까 사람들이 제재도 안 하고 그냥 들어가려면 들어가라 이렇게 놔두더라구요, 나를. 그래서 앞에서 봤는데 너무나 모습도 좀 초라해 보였고 강한 인상이 없었던 것 같아요, 대통령에 대한 인상은. 가까이서 봤을 때 무슨 질문을 했는데 답을 못 하더라구요. 가족이 질문을 했는데 조금 당황해하는 모습을 봤었고. 아무것도 모른다는 거, 애들이 사고 났는데도 보름이 지났는데도 상황 파악이 하나도 안 됐던 것 같아요, 대통령이. 어떤 유가족이 대통령한 테 질문을 했을 때, "아이들 왜 구해주지 않냐?"고, 앞으로 어떻게 할 거냐?"고 질문을 했는데도 대통령이 아무런, 당황을 하더라고. 그러더니 "대답을 해보시라"고 하니까 "그 답을 잘 모른다"고 하면서 해군 한테 마이크를 넘겨주는데 조금 안 좋아 보였었어요, 상당히 많이. '대통령인데 왜 저런 의지가 없지? 대통령인데 왜 저러지? 아무것도 왜 파악을 안 하지? 내려오면서 이야기 좀 안 들었었나?' 그냥 말만 했던 것 같아요, 말만. 내가 박근혜 대통령을 가까이에서 본 느낌은 정말 초라한 모습이었어요. 정말 '내가 애들을 잘못 키웠구나, 내가 준우를 잘못 키웠다. 대통령이 저것밖에 안 되나? 왜 뭣 때문에 대통령을 하고 싶어 하지? 왜 내가 애들한테 공부 열심히 해서 훌륭한 사람이 되라고 했지? 왜 애들 꿈을 대통령으로 내가 만들어줬지?' 그런 게 한순간에 무너졌던 것 같애(울음). 더 화가 났었어요, 그냥 실망했었어요, 우리나라한테 실망하고. 우리 이렇게 IT 산업이 발전했는데도 어느 하나 그런 게 안 돼 있다는 게, 준비가 안 돼 있다는 게. 이야기 들어보면 구조해 주는 배도 없었고 비행기도 없었고 사람도 없었고. 맞아요, 밤새 아무것도 없었어요.

그냥 미안했어요. 바닷가에서 애들이 추운데 벌벌 떨고 있을 텐데 그 애들을 오랫동안, 너무 오랫동안 바다에 놓게 했고 지금도 못 돌아온 애들이 있잖아요. 너무 불쌍해요, 애들이 그런 거(한숨). 나는 그때 너무 고통스러운 게 우리 준우가 죽었을 때 어떻게 죽었을까… 얼마나 고통스러웠을까…, 지금도 생각하면 잠을 못 자요. 얼마나 엄마를 찾았을까, 지가 마지막인 거 알고 있었을 텐데 얼마나 답답했을까, 말

해주고 싶은 게 많았을 텐데, '엄마, 사랑한다'고 말해주고 싶었을 텐데(울음). '내 동생 ○○이 잘 부탁한다'고 '잘 지내라'고 말했을 텐데…. 그런 말을 할 수가 없이 그냥 갔다는 게, 얼마나 똑똑하고 알 만한 앤데, 얼마나 지가 죽을 때 고통스러웠을까(울음). 나는 준우가 죽은 것보다, 얼마나 고통스러웠을까, 그 아이 머릿속에서 온갖 생각이 다 났을까, 얼마나 원망했을까, 그렇게 큰 배가 순식간에 가라앉은 걸 보고 얼마나 원통했을까(울음). 얼마나 방송에서는 "가만히 있으라"고 했을까, 그걸 왜 선생님도 그냥 놔뒀을까, 준우가 마지막에 탈출 못하고 그렇게 사라진 게, 얼마나 내 고통보다 준우 고통이 컸을까…….

　　저는 지금도 그런 생각하면 하나도 슬프지가 않아요, 미안할 뿐이지(울음). 준우한테 [비하면] 제 고통은 아무것도 아닌데, 살아 있는 고통은 아무것도 아닌데. 나는 준우가 마지막 순간에 어떻게 갔을까, 얼마나 엄마, 아빠를 걱정하고 얼마나 원통하고 (눈물을 훔치며) 얼마나 '있을 수 있는 일이냐!'고, '이게 있을 수 있는 일이냐!'고 얼마나 소리를 쳤을까. 단원고 애들 불쌍해서 어떻게 갔을까, 준우가 '엄마 왜 우리야. 엄마, 구해줄 줄 알았는데 이게 무슨 일이야'. (눈물을 훔치며) 얼마나 단원고 애들 고통스럽게 죽었을까…. 아니, 사고는 날 수 있어요, 사고는 날 수 있는데, 보여준 게 너무나 미안하잖아요, 죽은 애들한테. 그 아이들이 너무 불쌍하잖아요(눈물을 훔치며 한숨). 그냥 죽었으면 이렇게 고통스럽지 않았을 텐데 바라만 보면 불쌍해요, 그냥 집에서 멍하니 바라만 봐도 불쌍해요. 열여덟 살이면 못 하는 게 없는 나이인데, 열여덟 살이면 얼마나 똑똑하고 이쁠 땐데……. 얼마나 탈출하려고 지 몸을 갖다 댔을까 고민을

[생각을] 하면 많이 힘들어요, 하나도 구해줄 수 없었다는 게 너무 미안하고.

지금도 살아가는 데 별로 희망이 없어요. 구해준.게 없어서, 너무나 손도 못 대고 그냥 애들을 보내서. 난 이렇게 살지 않았는데 사고 이후로 조금 많이 자신감도 없어지고, 하고 싶은 것도 없고 마음이 그래요. 저는 사고 이후로 모든 걸 다 버렸어요. 그냥 너무나 애들을 똑똑하게 잘 가르쳐서 미안해서, 그냥 놔둘걸, 말이라도 하지 말걸, "열심히 공부해서 훌륭한 사람 되라"고 말을 하지 말걸. 이 나라는 네가 걱정 안 해도 되는데 왜 그렇게 욕심을 부려서 공부를 시켰나…, (눈물을 훔치며) 왜 그렇게 앞으로 잘 살라고 공부를 시켰나…. 하루하루 사는 게 너무 고통스러워요.

아니면은 가끔은 그런 생각해요. 우리 준우가 마지막에 엄마 생각처럼 좀 힘들게 죽었을지도 몰라도, 저는 자꾸 배 안에서 우리 준우가 어떤 행동을 했을까. '아니야, 준우는 그냥 안 죽었을 거야. 준우는 아마 죽어도 멋있게 죽었을 거야, 거기에서'. 준우는 아마 다른 아이들보다 생각하는 게 좀 빨라서, '사고도 이렇게 나서 이렇게 죽을 거다'라고 판단해서, 준우는 죽음이 얼마 남았다고 생각했을 때 그냥 친구들하고 죽음에 대해서 멋지게 이야기하고 있지 않았을까. '야, 우리 이렇게 죽어가네? 우리 이렇게 죽나 봐, 애들아. 죽을 때도 멋지게 한번 죽어볼까?' 나는 준우가 그렇게 했다고 생각해요. 준우 죽을 때도 멋지게 죽었을 거 같아요. 마지막일 줄 알고 엄마한테 보여주진 못했지만 아마 그랬을 거 같아요(울음). 자꾸 생각해요, 자꾸 대화를 해요. 우리 준우 멋지게 죽었다고, 고통스러워하지 않았을 거라고. 아마 소

준우 엄마 장순복

리 지르고 [그러지 않고] 여느 때처럼 친구들하고 그렇게 죽었을 것 같아. 내가 생각하는 그런 준우가 아니니까⋯. 팽목에서 생각은 그냥 준우 생각밖에 없었던 것 같아요. 무슨 이야기를 하려고 해도 다 의미가 없는 것 같아요, 오로지 준우 못 구하고 못 나온 거.

## 8
## 5월 3일 준우를 찾음

**준우 엄마**  준우가 나왔을 때도, 5월 3일에 나왔는데 저는 준우를 볼 수가 없었어요, 준우 상태가 안 좋아서. 그때는 카메라로 보라고 했는데 준우가 18일 만에 나왔어요. 18일 만에 나왔는데 236번으로 나왔어요. 근데 얼굴을 안 보여줬어요. 준우가 처음 나왔을 때도 그 느낌이 있나 봐요. 그날은 왠지 '우리 준우가 좀 늦게 올 거'라고 생각을 했었고, '준우가 살아 있을 거'라고 생각했었는데, 제가 준우 '아니야, 우리 준우는 아마 수학여행 안 갔을 거야, 아마 우리 준우는 어디 갔을 거야' 하고 생각했어요. 그런데 제가 KT 기지국에 가가지고 "우리 준우 핸드폰 마지막 기록이 어떻게 되냐?"고 했더니 "마지막 발견된 기록이 발견된 게 여기 동거차도 바닷가"라고 하더라고. 기지국에서 "거기 섬"이라고 하더라고. '아, 준우도 수학여행 가긴 갔구나. 준우가 사고를 당했네' 그렇게 생각했어요(한숨). 준우가 안 나올 줄 알았는데 18일 만에 나왔더라고 준우가.

준우 아빠가 그날은 아침에 일찍, 왜 그런 감들이 있잖아요, [제가] 그날따라 기분이 좋았어요. [준우 아빠는] 화장실 왔다 갔다 막 뛰어다니고 있었어요. 내가 그때는 왠지 기분이 좋았는데, 마지막에 항상 우리가 그렇게 모여요. 모여서 브리핑할 때 잠수사가 들어가서 아이들 데려오는 시간이 있었는데 그날따라 제가 왠지 거기 앞에 앉고 싶더라고. 명단 부를 때 아이들 특징하고 이야기를 해요. 언제 한 명 구했다 이야기를 하는데, 그날따라 마지막인데 제가 제일 앞에 가서 가만히 넋을 놓고 앉아 있었던 거 같아, 왠지 느낌이 막 그렇더라고. 마지막에 아이를 하나 찾았는데 이름을 안 쓰더라고. 이름도 안 쓰고 특징도 안 적더라고. 괜히 이상하더라고, 분위기가. 앉아 있는데 제일 앞에 앉아서 '왜 안 쓰지? 왜 특징 안 쓰지?' 그러고 생각하고 있었는데 뒤에 앉은 사람이 나를 툭툭거려[툭툭 쳐]. 거기 일하시는 분들인 거 같더라고. 관계자인데 해수부 관계자인가 해경 관계자인가 잘 모르겠는데 나를 툭툭 어깨를 치는 거야. "왜 그러세요?" 했더니, "준우 엄마죠?" 그래서 "네" 그랬더니 "잠깐 나와봐요" 그러는 거예요. "어머? 우리 준우가 나왔어요? 우리 준우가 뭐라 그랬어요, 저한테? 우리 준우 찾았어요?" 막 그러고 내가 좋아 가지고 웃으면서 "우리 준우 찾았어요? 찾았어요? 준우가 나오래요?" 하고 막 물어보고 있는데 그 사람이 아무 말도 안 해. 그냥 "따라오라"고 하는 거예요.

그래서 따라갔는데, 경찰들 컴퓨터 치는 곳 있잖아요, 거기서 컴퓨터를 막 쳐요. 그러더니 내가 "왜 여기 데리고 오냐?"고 그랬더니 "준우가 여기 있다"고 그러는 거예요. 그래서 "왜 준우가 여기 있냐?"고 그랬더니, (눈물을 훔치며) "준우를 방금 찾았는데, 찾은 아이가 준우인데 준우 핸드폰이 다 나왔다"고. "호주머니에서 준우 학생증도 나오고, 준우 카드도 나오고, 지갑이 다 나왔다"고. (눈물을 훔치며) 그래

준우 엄마 장순복

서 "준우가 여기 있다"고 그분이 그러시더라고. "바지는 뭐 입었냐? 티는 뭐 입었냐? 머리카락은 얼만큼 길었냐?" 했는데, 맞더라고 준우가. 그래도 그 사람이 그러는 거예요. 이렇게 많이 가져온 애는 준우가 처음이라고(울음). "엄마, 아빠가 그동안 고생한 거 알았나 애기가, 그래도 엄마, 아빠[더러] 찾으라고 주민등록증이랑 다 가지고 나왔다"고. 그분들이 "고생한 덕이 있다"고 우리한테 오히려 더 그러더라고(울음). 그러고 같이 울더라고. 그분들이 다 "너무너무 다행"이라고, "준우 찾아서 다행"이라고. 그분들이 얼마나 힘들었으면 그랬을까, 그분들도 우리 부모들이 많이 뭐라고 했을 때 그분들도 얼마나… 똑같은 사람인데, 준우 찾아서 이분들도 "찾아서 너무 좋다"고, 그래서 "준우 찾았다"고 이야기했을 때 그쪽에 계신 분들이 너무 좋아했어요, 정부 관계자도 있었지만.

면담자        잠수사분들 말씀하시는 건가요?

준우 엄마        잠수사 말고 정부 관계자들 있잖아요. 경찰 아닌 사람들, 뭐라고 하지? 사복 입고 계신 분들, 그분들이 너무 '이 가족들 언제 나오나', '이 집 아들 언제 나오나' 엄청 마음 졸였다고 하더라고. '부부가 울지도 않고 준우 아빠 저렇게 열심히 하는데, 얼마나 저렇게 저런 걸 더 봐야 하나' 싶어서. '저 가족이 고통스러워하는 걸 봐야 하나', "티도 안 내고 그래서 너무 안쓰러웠다"고 저 부부가. 그래서 그분이 지금도 기억나지만, "너무너무 다행"이라고, "나는 다른 사람들은 몰라도 이 부부 가족은 빨리 찾았으면 하고 하루하루 버텼는데, 드디어 아들이 나왔는데 아들이 호주머니에 다 넣어놓고 이렇게 엄마, 아빠 쉽게 찾게 해준다"고, "효자라고, 효자"라고 그분이 넋을 놓고 울더라고, 그 자리에서 내가 울기도 전에(한숨). 제가 준우한테 그랬거든요.

[수학여행에서] 첫날 아침에, 바닷가니까 아침에 추우니까 산에 올라갈지도 모른대요. 그래서 내가 준우한테 하루하루 입을 걸 코디를 해줬어요. "준우야, 첫날은 이 추리닝에다가 이 티에다가 이 잠바를 입으렴. 이 잠바에 호주머니 있으니까 중요한 거 있으면 다 넣어놔, 준우야" 그랬더니 "나 엄마 말대로 안 할 거야. 내 마음대로 옷 입고 내 마음대로 할 거야. 엄만 더운지 추운지도 모르는데 왜 나한테 맨날 그래?" 그래서 "준우야, 그래도 이 잠바 꼭 입고 가. 이 잠바에다가 뭐 다 집어넣어" 했는데 준우가 그날 찾았는데 내가 말한 옷 그대로 입고 왔더라고, 추리닝하고 티하고 잠바를. 근데 준우가 거기 호주머니에다가 다 넣었더라고. 고맙기도 하더라고, 급박한 상황인데 그런 거 다 챙겨놓고. 꼼꼼해요, 준우가 저 닮아서….

제가 [여행 가기 전에] 용돈을 줬어요. 용돈을 줬는데 "엄마, 용돈 안 줘도 돼" 그래서 "왜?" 그랬더니 "아빠가 어제 나한테 5만 원 줬어" 그러길래 "준우야, 그럼 엄마도 똑같이 5만 원 줄 테니까 10만 원 가져가. 그래서 맛있는 거 사 먹어" 그랬더니 "엄마, 돈 안 줘도 되는데, 정 주고 싶어요?" 그래서 "응, 엄마 돈 주고 싶어" 그랬더니 "엄마가 주고 싶다고 하면 제가 돈을 받을게요". 그러더니 "엄마, 근데 이거 10만 원 그냥 놔두고 갈 거예요" 그래서 "왜?" 그랬더니 "엄마, 수학여행 갔다 오면 나 문제집 사야 될 거 많아요. 그러니까 그때 공부해야 하니까 문제집 살게요" 그러면서 10만 원을 놔두고 가더라고, 거기에다가. 그래서 준우가 "너 용돈 있니?" 하니까 "엄마, 저 용돈 있어요" 하더라고. 용돈 얼마 있나 싶었더니 3만 원이 있었나 봐요. 지갑을 찾았는데 지갑에 2만 9000원이 나오더라고. 내가 ○○이한테 "형아가 3만 원 가져갔는데 1000원이 없네" 했더니 우리 ○○이가 "엄마, 형아 아마 1000원어치 뭐 사 먹었을 거야" 그러는 거예요. "배 안에서 형아가 아마 1000원어치 뭐 사 먹었을 거야" 그러는데 많이 아프더라고, 준우가 2만 9000원 가지고 왔더라고.

그래서 준우 확인은 그 정도로 하고 그 사람이 그러더라고, "특징 같은 거 써서 뭐 하냐?"고, "엄마가 찾았는데 그냥 안 쓰겠다"고 그러더라고. 그래서 "그렇게 하시라"고 그러고 준우 아빠를 찾았는데 준우 아빠가 없는 거예요, 준우 확인을 해야 하는데. 그래 가지고는 그분들이 다 난리 났었어요. 바닷가에서 다 준우 아빠 찾고 그랬는데 준우 아빠가 없었어요. 한참 있다가 나왔더라고, 찾아가지고. 준우 아빠는 여기저기 계속 그 상황에서도 계속 여러 군데를 만나고 다니니까 나중에 그분이 찾아왔더라고. 준우 아빠 전화도 안 되고, 어디서 "회의하고 있었다"고 하더라고.

준우 아빠도 그때 좀 울었었어요. 그래서 준우만 기다리고 있었고 그날은 준우를 찾았는데, 준우 아빠가 그날 저녁에 저한테 이야기하더라구요. "조금 있으면 준우가 올 텐데 어떡할 거냐?"고, "데려갈 거냐?"고 물어봐요. 그래서 "왜 그러냐?"고, "준우 아빠가 무슨 생각이 있냐?"고 그랬더니, 준우 나왔는데 그런 말들을 하더라고. 준우를 찾았는데 그날 저녁에 저한테 누가 왔어요. 저희 있는 곳으로 방으로 오더니 "준우 찾았냐?"고 "찾았다"고 했더니, 그러면 "준우 찾았는데 갈 거냐?"고 물어봐요. 그래서 "왜 그러냐?"고 했더니 그때는 준우 찾은 것도 그렇게 기쁘진 않았어요. 왜냐면 남아 있는 사람들이 너무 힘들어할까 봐 준우 찾아도 기쁘다고 말도 못 하고. 말도 못 했어요, 그때는 너무나 많은 사람들이 [애를 찾아서 올라갔고] 얼마 안 남았으니까. 우리까지 찾았다고 그러면 너무 서운해할 거 같아서 말도 못 하고 있었는데…. 〈비공개〉 [준우 아빠가] "우리 그동안 여기서 함께했으니까 여기 사람들 다 기다릴 동안 준우 기다리자"고. 그래서 준우 아빠랑 이런 얘기 저런 얘기 하다가 준우를 여기 다른 아이들 나오면 같이 올라가기로 했었어요. 그래서 "준우를 찾으면 일단 냉동고에 보관을 하자" 준우 아빠가 그러더라고. "그러자"고 했어요.

그래 가지고 그다음 날 준우가 도착했다길래 갔는데, 보여주진 않더라구요. 보여주진 않고 사진을 찍어서 보여줬나 봐요. 근데 준우 아빠가 "아빠만 보고 엄마는 보지 말라고 하더라"고, 아마 애 상태가 안 좋을 거니까. 그래서 나도 보고 싶은데 너무너무 못 보게 하니까 '준우가 보지 말라고 하나 보다. 지가 몸이 많이 안 좋아졌나 보다'라고 생각했는데 준우 아빠가 자꾸 나를 들어와 보래. 그래서 "왜 그러냐?"고 했더니 "준우가 아닌 거 같다"고. "준우가 아닌 거 같아?" 그랬더니 준우가 아닌 거 같은데 나보고 와서 확인해 보라는 거야. 너무 좋아가지고 "우리 준우 보러 간다"고 갔는데, 내가 보기엔 딱 우리 준우인데 준우 아빠는 준우를 몰라봤나 봐요. 왜냐면 팬티만 입고 있었어요. 다 벌거벗고 있었으니까 준우 아빠는 차마 그게 준우라고는 생각을 안 했겠죠, 근데 나는 딱 준우가 있더라고. 얼굴은 보지 못했는데 가

준우 엄마 장순복

슴부터 팬티, 다리까지만 보여줬는데 딱 봐도 우리 준우더라고. 저는 준우 등을 끝까지 밀어줬거든요, 다 커도 고등학생 돼서도 등을 제가 밀어줬거든요. 근데 우리 준우는 제가 입으라는 팬티도 입고 그래서 제가 준우를 봤는데 우리 준우더라고. 너무 자세히는 못 봤는데 비쩍 말라가지고(한숨).

근데 손등에 약간 상처가 많이 있는 거 같더라고. 손등 있는 데 손을 이렇게 가렸더라고 준우가. 사진이 이렇게 있는데, 이렇게 펴질 않고 이렇게 가리고 있더라고 사진에. (눈물을 훔치며) 그래서 준우 엄지하고 검지가 없는 거 같더라고 느낌이. 그 모습을 준우가 보여주지 않는 것 같아서 거긴 안 보고. 근데 우리 준우가 맞더라고. 준우 볼 수 있는 게 그게 다였어요. 마지막 모습은 나중에 준우 아닌지 시체 확인을 하는데 아빠가 "들어오지 말라"고, 거기 [계신] 아주머니랑 "들어오지 말라"고, "보면 기절할 거"라고. 그때 봤어야 했는데 못 본 게 너무 후회스러워요. 근데 아빠도 "얼굴을 못 봤다"고 하더라고. "얼굴은 너무 상태가 안 좋아서 보지 말라"고 해서, "얼굴은 안 보고 그냥 몸만 확인했다"고 하더라고.

### 9
### 준우와 함께 안산으로 올라오기까지

준우 엄마　　　그래서 준우를 데리고 올라오려고 했는데 그때 첫날부터 계속 이모가 있었거든요, 이모하고 준우 아빠하고 싸웠어요. "준우가 그 추운 데서 엄마 찾아 이렇게 왔는데 왜 준우 안 데리고

[가고] 냉동실에 보관했냐?"고. "준우 그렇게 추운 데서 왔는데 왜 또 냉동실에다가 얼리냐?"고, "애기 추운데 빨리 따뜻한 데 안산에 데려 가야 하는데 왜 이렇게 놔뒀냐?"고. 〈비공개〉 그래 가지고 준우 아빠 가 어쩔 수 없어가지고 5월 5일에 올라왔어요.

　　5월 5일에, 어린이날이었는데 그때 연휴라 식구들이 다 내려왔더 라고. 그때 준우가 안 올라오니까 준우 보러 온다고 식구들이 엄청 많 이 내려왔어요. 그날 준우가 올라갔죠, 식구들하고 같이. 근데 너무 고 통스러웠어요. 올라가는 동안 너무 낯설었어요. 우리가, 준우가 내 려올 때는 벚꽃이 피었는데 준우가 가는 길은 5월 5일이라 그런지 파릇파릇 나뭇잎도 좋고 햇볕도 좋고, 사람들은 놀러 간다고 가는 길은 다 막혀 있고. (눈물을 훔치며) 세월호 차가 간다고 사람들이 다 쳐다보고 있고, 다 신기해하고 있고, 다 쳐다보는 게 싫었어요. 휴게 소를 갔는데 우리 준우만 놔두고 갔어요(울음). 우리 준우만 그 사람 들 많은 데 놔두고 저희만 화장실을 갔는데, 너무너무 그게 고통스 러웠어요(울음). 준우를 데리고 가야 하는데 준우도 똑같이 아이스 크림 사주고 준우도 호두과자 사줘야 하는데 준우는 거기 차 안에 혼자 누워 있고 숨을 쉴 수가 없었어요. 그게 그렇게 고통스러웠어 요. 근데 사람들은 말해요, 세월호 차라고. "저게 세월호인가 봐". (울먹이며) "저 엄마가 세월호 엄만가 봐". 나는 그런 게 너무 싫었어 요. 준우를 이제 두 번 다시 데리고 올 수 없다는 게, 휴게소에. 우리 도 평범하게 잘 살았는데 (오열하며) 그런 시선들이 너무 무서웠던 것 같아요. 준우가 이 세상에서 마지막이잖아요. 이제는 그 사람들 도, 어린이날도, 휴게소도 모든 게 다 마지막이 되어버렸잖아요….

준우 엄마 장순복

그리고 준우 데리고 왔는데, 거기 있을 때보다 더 무서운 게 준우 장례식장이 더 무섭더라고. 준우 장례식이라고 갔는데 준우 영정 사진이 덩그러니 있더라고, 나를 바라보고. 지금도 생각하면 그게 제일 힘들었던 것 같아요. 준우가 사고 난 것보다도 준우가 장례식장에서 나를 보고 있었다는 게… 영정 사진으로(울음). 준우가 거기가 어디라고 먼저 가서, 거기가 어디라고 지가 장례식장에 가서 저를 보고 있었어요. 우리 준우가, 우리 준우가(울음). 저는 제일 무서운 게 장례식장이었던 것 같아요, 아들 장례를 치러야 하는 게. 말도 못 하는 애를 거기다가 세워놓고…, (울먹이며) "준우야 준우야, 네가 왜 거기 있니? 준우야, 엄마는 네가 왜, 거기 있지 말아야 하는데 거기 가 있냐?"고.
　근데 저희 준우만 거기 있는 게 아니었어요. 거기 장례식장에는 다 준우 친구들이 있었어요, 1층, 2층, 3층. 오늘만 있는 게 아니라 내일, 모레, 글피 계속 그렇게 친구들만 있는 거예요, 그 장례식장에…. 안산에 그 장례식장도 되게 힘들게 왔는데 장례식장이 꽉 차서 올 수가 없었어요, 정말 올 수가 없었어요. 그래도 준우는 어떻게 많은 분들이 도와줘 가지고 어떻게 거기를 쉽게 왔는데, 막상 데리고 오니까 "장례식장이 꽉 차서 자리가 없다"는 거예요. 그 소리가 얼마나 슬펐는지. 팽목에 있을 때도 안산에 올라가면 장례식장이 없어서 "준우 엄마가 가도 한 이틀 기다려야 해" 그래서 "왜 그러냐?"고 했더니 애들이 다 지금 냉동실에서 대기를 하고 있대요. 장례식장 못 들어가서 얼마나 고통스러워요. (눈물을 훔치며) 애들이 장례식장이 없어서 장례를 못 치러서 하루, 이틀 기다려야 한다고, 올라가도…. 그게 우리나라더라구요. 애들이 죽었는데 구해주지도 못했는데 죽을 때도 마음대로 애들 제 날짜에 못 해주고.

장례식도 어떻게 힘들게 장례를 치렀는데. 화장할 때 ○○이가 그걸 봐버렸어요, 지네 형아 화장하는 걸(울음). 내가 그렇게 신신당부했는데, "우리 ○○이만은 화장터에 데리고 오지 말라"고 신신당부를 했는데 친척들한테, 근데 그걸 다 까먹었더라고. (눈물을 훔치며) 다들 제정신이 아니어서 ○○이가 제일 앞에서 지네 형아 영정 사진을 들고 화장터에 가더라고 걔가. 그 모습이… ○○이를 앞세워서 가는 게 너무 힘들었어요, 그래 봤자 중학교 1학년인데(울음). 준우가, 화장하는데 제가 또 생각나는 건 준우가 아닐 거라고, 끝까지 아닐 거라고 생각했는데 준우 관을 보니까 관이 엄청 길더라고요. 준우가 키가 커서 그런가 관이 길더라고요. 거기서 '우리 준우 관이구나' 하고 알았죠. 그 관 앞을 또 ○○이가 영정 사진 들고 가더라구요. 준우 화장할 때 너무 힘들었어요. ○○이가 너무 많이 울었어요…. 그래도 ○○이가 팽목에 와서 울질 않았어요. 한 일주일 있었는데 얘가 안 울더라구요. "엄마, 형아 살아 있을 거니까 울지 말라"고, "형아 똑똑한데 형아 안 죽었을 거"라고, "형아 기다려보라"고 ○○이가 그렇게 저한테 위로를 많이 했는데 나중에 이모가 봤대요. ○○이가 엄마한테 말은 못 하고 혼자 바닷가 가서 가슴을 치면서 막 울더라고.

이모가 봤을 때 "그 모습이 너무 마음이 아팠다"고. 근데 지금도 ○○이는 절대 형아 이야기를 안 해요, "자기가 받아들일 수가 없다"고 그래서. ○○이는 분향소 가는 것도, 납골당 가는 것도 그런 걸 다 싫어해요. 지금은 이 세월호 이야기만 꺼내는 것도 되게 힘들어해요. 자기는 '형아가 살아 있다'고 생각하는데 "왜 많은 사람들은 세월호 이야기를 꺼내면서 준우가 없다는 걸 왜 보라고 인식시켜 주냐?"고, 그래서 "납골당도 가기 싫고 분향소도 가기 싫다"고. "어른들은 다 자기를 믿게 만든다"고, "형아가 없다"는 걸. 자긴 "마음속에 형아가 살아 있는데 사람들은 너무 다르게 이야기하고 있는 것 같다"고. ○○이는 그런 말해요, "엄마, 아빠는 그래도 괜찮다"고. "엄마, 아빠는 분향소 가면 유가족도 만나고 유가족하고 이야기도 하고 하는데 자기는 그런 이야기를 할 수 있는 게 없다"고. 집에 있으면 맨날 혼자 있어야 하고, "엄마, 아빠 둘이 그래도 형아 이야기를 하는데 자기는 같이 이야기를 해줄 사람이 없다"고, "그게 제일 힘들다"고 ○○이가 그런 말을 해요.

옛날엔 한번 그러더라고 "나 힘들다"고 "옛날에는 엄마가 뭐라고 해도 맨날 그래도 형아가 있어서 형아가 대신 혼났는데, 지금은 엄마가 뭐라고 하면 나 혼자 혼나야 하고, 나 봐줄 형도 없다"고…. "내가 잘못하고 내가 뭘 잘해도 이제는 내가 그걸 다 받아야 한다"고, "형아가 없다"고. "게임을 해도 형아가 없다"고 하고, 걔는. 나는 그래도 ○○이보다 나이를 많이 먹어서 그나마 나는 앞으로 살아가는 고통이 좀 작을 텐데, ○○이는 나보다 더 오래오래 살고 그래야 할 텐데 얼마나 이 고통이 나보다 심할까…. 그래서 생각하면 준우보다 ○○이가 많이 걱정스러워요. ○○이가 나보다 살아갈 날이 많을 텐데, 저것이 말은 안 해도 그 안에 있을 텐데 그런 이야기가…. 근데 아직도 ○○이는 말을 많이 못 꺼내고 있어요. 주위에서도 뭐 특별한 뭣도 없고 그냥 혼자 저러고 있는 것 같아요. 혼자 학교 다녔었죠. 형아 찾을 동안에도 혼자 학교에 있었고. ○○이는 공부할 때 들었죠, "형아 찾았다"고. 그렇다고 대피소에 데리고 있을 수는 없었으니까. 팽목에 계속 데리고 있을 수는 없었어요, ○○이를… 그러고 있었고….

면담자          네, 오늘 어머님 너무 힘드신 것 같아서 2차 구술은 여기서 마치도록 하겠습니다. 힘든 이야기 해주셔서 감사합니다. 정말 고생 많으셨습니다.

준우 엄마 장순복

# 3회차

2016년 2월 15일

# 1
## 시작 인사말

면담자 　　　본 구술증언은 4·16 사건에 대한 참여자들의 경험과 기억을 기록으로 남김으로써 이후 진상 규명 및 역사 기술에 기여하고자 합니다. 지금부터 장순복 씨의 증언을 시작하겠습니다. 오늘은 2016년 2월 15일이며, 장소는 안산시 단원구 글로벌다문화센터입니다. 면담자는 윤보라이며, 촬영자는 김향수입니다.


# 2
## 준우와 함께 안산으로 올라온 날

면담자 　　　사고 이후 1년 하고 거의 2년이 되어가고 있습니다. 그 기간 동안에 어머님께서 하셨던 활동들 포함해서 신변에 생긴 일들, 그리고 기억에 남는 일들을 편안하게 말씀해 주시면 됩니다.

준우 엄마 　　　장례를 마치고, 제가 이야기를 따로 했지만 『금돌』[『금요일엔 돌아오렴』]에 보면 제일 생각나는 게, 장례를 마치고 팽목에 준우 친구들이 많이 있었잖아요. 그게, 너무 힘들어하는 모습 보고 힘들게 왔는데⋯. 저희는 그 전에 여기[안산]에 있었던 이야기를 몰라요. 가족들이 방송국 찾아갔었고[KBS 항의 방문] 그런 걸 우리는 올라와서 들었던 거지 그 밑에서는 몰랐었어요.

　　　장례를 치르고 제일 기억에 지금 남는 건 ○○이 이야기죠.

○○이 너무 힘든 게 그런 게 있더라고(울음). 나는 힘들게 준우를 찾아서, 지금은 서운한 거죠. 준우를 찾아서 장례를 치렀는데 식구들이 다 고맙긴 한데, 다 끝났잖아요, 장례. 가족들이 집에 왔었어요. 몇몇 가족들이 집에 왔었는데, 장례가 끝나고 "배가 고프다"고 집에서 밥을 시켜 먹었어요. 근데 저는 그때가 조금 마음이 아팠던 게, 와준 사람들이 너무 고마워서 식사 대접을 해야 하는데, 아이를 힘들게 찾고 내가 너무 힘든 상태에서 또 남은 사람들이 있어서 밥상도 차려주고 그 많은 식구들을 다 데리고 와서 한다는 게 조금 맘이 힘들고, '아, 이게 뭔가' 싶기도 하고, 여자로서 많이 힘들더라구요. 그때는 그런 걸 생각지도 못하고 집에 왔었는데, 지금 곰곰이 생각하면 그게 잘못된 건 아닌데 사람들이 그걸 너무 맛있게 먹었다는 거(한숨). 배가 불러서 너무 맛있게 먹고 그런 게 조금 나는 마음이 아프더라고. 근데 표현을 할 수가 없었던 게 힘들었어요.

그러고 식구들이 다 가고 검색을 해봤어요, 하루에 사람이 우리나라에서 몇 명이 이렇게 죽나. 근데 많은 사람들이 죽더라고. 그걸 보고 '왜 그동안 이런 걸 몰랐었지?' 장례식에 갔었어도 내가 거기서 그렇게, 장례식장이라는 곳과… 거리를 두는 데인데〈비공개〉.

○○이가 그다음 날 밥을 먹는데 이상한 행동을 하더라고요. 형아 옷을 막 뒤지고, 형아 좋아하는 옷들을 다 꺼내는 거예요. 입고 준우처럼 웃긴 모습을 막 보이더니, 밥을 먹으면 그 자기 상[자리]이 있잖아요, ○○이가 거기 형아 자리에 앉아서 형아 짓을 막 하는 거예요, '그때까진 걔가 이상하다'고 생각했는데.

아, 그리고 저희가 급하게 오느라 팽목을 또 갔었어요. 준우 친구들한테 '준우 잘 보냈고 너희도 빨리 다 나와달라'고 위로도 할 겸 갔었는데, 이야기 들어보면 ○○이가 조금 이상한 행동을 하더라고요. (면담자 : 팽목에서 들으셨어요?) 아뇨, 우리가 간다고만 했을 때 [○○이가] "언제 올 거냐?", "형아는 잘 있을까?", "잘 지낼까?" 막 그런 말을 하더라구요. 그래서 ○○이가 장례 치를 때 준우 화장하는 걸 보고 막 울었는데, 그때 못 들어오게 했는데도 정신이 없어서 들어왔는데, 한창 화장하는 시간이 1시간 반 걸리는데 거기에 우리 세 명만 있었어요.

너무 힘들었는데 ○○이가 가끔 그래요, "엄마, 우리 형아 이렇게 따뜻한 데 갔는데, 큰일이 있어" 그래서 "왜?" 그랬더니 "혼자 간 거 아니냐?"고, "이 많은 식구들 중에서 혼자 갔는데 형아가 외로울 거 같다"고 그런 말 하더라구요. 그래서 "아니야 안 외로울 거"라고, "형아 절대 안 외로울 거"라고. "형아 친구들이 그동안 집도 많이 지어놓고, 친구들이 너무 많아서 형아가 갈 방이 없어가지고, 이제 형아 찾아가지고 아주 좋은 집에서 아마 살 거야"라고 했더니 "낮에는 형아가 친구들하고 놀아도 밤에는 혼자 잘 거잖아" 그래서 "그렇겠지?" 그랬더니 "우리는 언제 가?" 그래서 "우리는 다음에 가고 형아가 또 집을 많이 지어놓을 거"라고. "지금은 너무 사람들이 많이 있어 가지고 집 지을 곳이 없다"고.

○○이도 화장하는 걸 보니까 사람들이 많이 있는 걸 봤나 봐요. 그러고 왔는데, 집에 왔더니 "엄마, 오늘 저녁에 올 거야?" 그러길래 "아니 오늘 저녁엔 미안한데 잠깐 이모 집에 가 있고, 엄마는 팽목 갔다 올게. 친구들한테 말해야지, 형아가 집 지어놨는데 이제 잘 지내라

고", 그러고 있는데 ○○이 카톡[카카오톡]을 보면[보니] "형아 금방 갈
게"라는 문구가 딱 써 있는 거야 중간에 가는데, 버스를 타고 가는데.
"어머, 이게 뭐지?" 하고 엄마 예감에 좀 안 좋더라구요. 그래서 팽목
갈 때까지 고민을 했었지. 밤에 언니 집에 들러서 "○○이가 이상하
다"고. [언니가] ○○이를 봤는데 "○○이가 자꾸 [이모 집에] 안 간다"
고 하더래. "오늘 형아가 집에 올지 모르니까 형아를 지켜야 되겠다"
고. "엄마, 아빠가 집에 안 있으니까, 안 계시니까 내가 여기 있을 거"
라고. "안 무섭냐?"고 했더니 "형아가 하늘나라에서 혼자 잘 건데, 나
는 여기서 혼자 자는 게 나도 안 무서울 거"라고 그랬는데…. 〈비공개〉


3

## 가족들과 함께 100일 도보 행진에 참석

준우 엄마     그러면서 저희가 한참 힘들 때, 국회 좀 다닐 때였죠.
준우 아빠는 국회 특별법 만들어야 되고 그런 [투쟁] 상황이 많이 있
었을 때 해결이 좀 안 돼가지고 준우 아빠가 단식을 했었어요. 이래
저래 많이 할 거라고 생각했었는데 할 수 있는 방법이, 제일 나중엔
단식을 하기로 했었고. 나는 계속 갔었지만 준우 아빠는 임원이었기
때문에 계속 만날 수가 없었어요. ○○이가 그런 말을 했었어요.
"엄마, 아빠 맨날 갈 건데 괜찮을 거냐?"고 [그랬더니 ○○이가] "괜찮
을 거"라고 그랬는데 하루는 ○○이가 또 그렇게 물어보더라구요.
"아빠가 너무 오래 단식도 하고 국회에 있다 보니까 만날 수가 없다"
는 거예요. 임원 할 때 보면, 새벽에 한 2, 3시에 왔다가 아침 7시에

나가면 ○○이가 얼굴을 못 보는 거예요.

그러고 있었는데 아빠가 국회에서 또 단식을 하다 보니까는 아빠를 만날 수가 없었어요. 그래 가지고 "아, 아빠를 만나려면 네가 서울로 가야겠다" 그랬었어요. 그때가 100일 행진이었을 거예요. 그래 갖고 아빠가 국회에 있다가 저쪽 시청 쪽으로 나오니까 ○○이가 시청을 전철 타고 이모랑 왔었는데 그때 아빠를 볼 수 있는 기회가 된 거예요.

아빠는 앞에 있었고 우리는 좀 뒷자리에 있었는데, 그때 "○○이가 올 거니까 이따가 ○○이 오면 얼굴 꼭 보고 가라"고 아빠랑 문자를 했는데 "알았다"고 했는데, 그때 상황이 급하게 된 상황이라 아빠가 먼저 광화문에 가 있기로 됐어요. 왜냐면 [경찰이] 미리 정보를 알고 차단될 것 같아서 그래서 갔는데 "왜 자꾸 아빠가 가냐?"고, "나를 놔두고 가냐?"고 "나 여기까지 걸어왔는데. 아빠 밉다"고 막 그러는 거예요. 그래서 "아빠가 무슨 일이 있을 거"라고, "조금 더 지켜보자"고 했더니 전화도 안 받고 아빠가 막 급한 거예요. 그래서 아이는 너무 막 힘들어하더라고, "자기를 안 본다"고. 그러고 "아빠 찾으러 가자"고. 아빠 만나러 가다가 아빠가 먼저 문자 왔더라고. "일이 있어 가지고 내가 먼저 광화문을 가게 됐다, 이따 ○○이랑 꼭 와서 얼굴 보자" 했는데….

그러는 과정에서 말 못 하는 그 ○○이가 보통 팽목에 왔을 때도 안 울었어요. 안 울고 나한테 자꾸 "형아가 올 건데 엄마가 왜 우냐?"고, "우리 형아가 꼭 엄마 찾아서 올 거"라고, "울지 말라"고 했는데 이모가 이렇게 ○○이를 따라가 봤대요. 따라가 봤더니 혼자 바닷가에서 막 가슴을 치면서 울더라고(울음). 그리고 또 엄마한테 올 때는 안 울고.

그리고 아빠에 대해 기대하고 있었는데, 경찰들이 막 싸우는데 [상황이] 안 좋았었잖아요? 그러니까 ○○이가 막 소리를 지르더라고 거기서. 행진을 갑자기 하는데 그쪽에 갈 때 투입이 돼가지고 물대포 쏘고 그랬었잖아요. 근데 그 아이가 그걸 처음 본 거예요(울음). 막 소리를 질러요, [○○이가] 옷을 벗으면서. "왜 그러냐?" 그랬더니 "우리 형아를 해군들이 구해주지도 못했는데 저기 아빠가, 앞에 아빠가 있고 우리 엄마가 여기 있는데 이러다가 사고 나서 또 우리 엄마, 아빠 잃어버리면 자기 어떻게 하냐?"고, "왜 군인들은 자꾸, 이 나라 사람들은, 엄마, 아빠 안 지켜주고 왜 명령만 따르냐?"고, "저 사람들은 왜 생각이 없냐?"고. "우리 엄마, 아빠 갈라놓으면 나는 또 어떻게 되냐?"고 너무 싫다는 거예요. 서울 처음 와서 느낀 게 애가 그런 걸 본 거예요, 그런 세상을. "엄마, 아빠 항상 이러고 지냈냐?"고 그래서 아니라고 일단 애 마음을 달래놓고 이모가 급하게 "전철 끊어진다"고 데리고 가더라구요. 그 아이 마음을 다 알아줬어야 했는데 몰랐던 것 같아요, 제가.

그리고 많이 힘들어하는 것 같아서 내가 강아지를 하나 키워줬어요[키우게 해줬어요]. 강아지 한 마리를 키워줘서[키우게 해줘서] 지금은 잘 지내고 있고. ○○이 이야기하자면 ○○이가 형아 옷을 잘 입고 다녀요, 지금도. 형아만큼 커서, 준우가 남겨놓은 게 ○○이한테는 책하고 옷들. 지금은 ○○이가 고등학교생이 됐는데 책도 한 번씩 꺼내서 보더라고. 보고, 준우가 워낙 필기를 잘해놨기 때문에 그거를 보긴 하는데, 내가 보니까 잘 몰라(웃음). 모르는 것 같아, 기초가 안 되니까. 근데 옷은 또 입고 다니더라고. 형아 옷 입고 다니고 형아 냄새를 맡고 싶어 하는 것 같고, 형아 방에서 잠도 많이 잤는데…. "○○이 힘들지 않겠냐?"고 했는데 "아, 괜찮다"고. "형아 방에서 잘 수 있다"고 해서 자는데, 그래도 한번 우리가 물어봤어요. 한 2, 3일 지나고도 "괜찮았어, 새벽에도?" 그랬더니 새벽에는 무섭더래, 한기가 막 느껴질 정도로 오싹오싹하더래. 그래도 엄마한테 말 안 하고 참았대. "근데 조금 새벽에 한 번씩 깨서 오싹오싹해". 그래도 그 아이가 그런 말을 안 하고 형아 방에서 계속 여름을 보내고, 그해를 다 보내더라고 [20]14년도 해를.

보통 우리도 거기서 잔다는 건 힘들어요, 준우 방에서. 혼자 자는 건 힘든데 ○○이가 그걸 이겨내더라구요, 자는 걸. 형아 체취를 느끼고 싶어서 공부할 때 형아 방에서 공부하고 게임은 또 지 방에서 하고. ○○이에 대해서 기억이 나는 게, 하루는 핸드폰 음악을 틀어놓고 나오는 거예요. 그래서 '왜 쟤가 저렇게 신나는 음악을 틀어놓고 나오지?' 생각했는데 형아는 그때 핸드폰이 폴더였고 지는 스마트폰이었던 거야. 그런데 형아가 노래를 들은 걸 자꾸 검색했대요, 지 핸드폰으로. 하루는 보니까 형아가 검색한 그 노래가 나오더래. 그걸 핸드폰으로 [방 안에] 틀어주고 나오는 거예요, 형아 들으라고. 형아가 좋아하는 곡들이니까 형아가 들으라고 그러고 나오는 거 보면, 참 말을 안 해도 애가 기특하기도 하고…. 그러고 한 해를 보냈었고.

## 사고 이후의 일상과 고통

**준우 엄마**　　저 같은 경우는 짐 정리를 하다 보니까 준우에 대해서 알지 못하는 게 되게 많이 나왔던 거예요. 제가 처음에 제일 놀란 게, 그거 찾고 싶어서, 그 아이를 찾고 싶어서 막 가방을 뒤지는데 가방에서 이렇게 나오더라고. 4월 애네들이 사고 나기 직전에 자기가 뭐 하고 싶은지 그 테스트 있어요. 학력 테스트라고 설문지 조사가 있는데, 준우가 거기서 자기가 가고 싶은 게 "한양대를 가고 싶다"고. 근데 거기 자기 진로적성검사가 나왔는데 준우가 거의 99.9에서 99.1까지 나오더라고. 자기 목표가 뚜렷한 거야. 표시를 다 해 놨는데 거기에 "대단한 결과"라고 이렇게 써져 있더라고. '얘가 이 정도로 열심히 했었나?' 하고.

　　가방을 또 들여다보니까 11월 말에 모의고사 쳤던 그 성적표가 나오더라구요. 몰랐어요, 준우가 공부를 항상 [하면서] "엄마, 아빠, 나는 게임하는 게 아니라 나 공부하고 있는데 왜 나를 오해하세요, 너무 서운해요" 이런 말을 되게 많이 했는데, 준우가 간 다음에 가방을 펼쳐봤더니 모의고사가 2등급이 나와 있더라고. 예전에도 그런 말 했어요. "엄마, 나 생각보다 공부 잘하는 놈인데 왜 엄마, 아빠는 나를 아직 인정 안 해줘?" 부모가 말하는 거는 정말 전교 1등, 반에서. 근데 준우가 하는 말은 "국어, 수학은 자기가 제일 잘하는데 왜 나를 무시하냐?"고. "성적을 보면 내가 제일 잘하는데". 모의고사 보니까 준우 말마따나, 나한테는 이야기했는데 아빠가 본 건 이번이 처음이었던 거예요. 그래서 "엄마, 내가 2등급 제일 많이 받았어. 근데 1학기라 내가 뭣 모르고 내가 혼자 자기 주도 학습해서 2등급 받았지만, 이 수학여행 갔다 와서는 분명히 1등급을 다 받아줄 거"라고 그랬는데 그런 말들이 이제 마음이 아픈 거야. 진짜 성적표 같은 거 준우가 2등급을 받았더라고, 전교 모의고사 그런 것들. 준우가 몰랐던 거, 일기장, 상장, 이런 걸 보다 보니까 너무 마음이 아프더라고.

그래서 하루는 보니까 내가 2014년도에 겨울방학 때 공부하라고 노트를 사줬는데 노트를 다 요점 정리를 해놨는데 몇 장 못 썼더라고. 내가 그걸 주면서 "공부 열심히 하고, 네가 조금 더 많이, 좋은 노트니까 엄마가 준 노트니까 공부 열심히 해서 다 쓰면 엄마가 또 계속 사 주겠다"고. 그걸 되게 아끼더니 거기다가 공부를 해놨더라구요. 제일 마지막에 준 선물인데 거기다가 요점 정리를 다 해놨는데, 준우가 많이 못 썼더라고. 그래서 생각하다가 '저 못 쓴 노트를 어떻게 하지, 빈칸을 채워줘야 하는데', 그래 가지고 그때부터 제가 너무 힘들어서, 하루는 준우한테 편지를 쓰기 시작했어요. 거기다가 '준우가 못다 한 노트에다가 내가 노트 적어서 준우한테 하고 싶은 말 해야겠다' 그런 생각을 했었고.

준우에 대한 그리움은 너무 많아요, 혼자 있을 때는 뭐라 그러지? 준우 같은 경우에는 제가 맞벌이하는 주말에 음악을 틀고 청소를 하면, 엄마가 너무 크게 틀면 옆집에 민폐를 주고 지나가는 사람들이 다 들으니까 준우가 막 밖을 나갔다가 "엄마, 이쪽 선까지는 음악이 들리니까는 이렇게만 볼륨을 높여요. 창문을 닫으니까 이 정도 볼륨에서는 엄마가 실컷 노래를 들어도 밖에 피해를 안 줄 거예요"라고 일일이

밖에 나가서 막 지가 체크를 해와 가지고 문 닫고 볼륨 올리고 그렇게 했는데…. 집에 혼자 가만히 있으니깐 음악도 틀기 싫고 텔레비전도 안 보고 이러고 있는데, 그 아이에 대한 생각이 되게 많이 나요. 내 아이가 죽었다는, 그 아이 생각이….

테레비에서 정말 사고가 나면 ○○이가 테레비를 꺼버려요, 내가 너무 우니까. 옛날에는 몰랐었는데 지금은 테레비를 보고 뭘 보면 누가 사망사건이 났다고 하면 그게 제일 무서워요, 가슴이 철렁철렁하고 '얼마나 힘들게 살까, 저 부모는. 나보다도 저 사람들이 얼마나 힘들게 살까' 그게 너무너무 마음이 아픈 거예요. 얼마는 준우가 서운해서 죽었을까, 내가 낳은 자식이 엄마한테 말도 못 하고 그렇게 갔는데(울음). 마지막에 인사도 못 하고 간 게 너무 서운하고. 이렇게 가만히 집에 앉아 있으면 '준우가 어떻게 죽었을까, 내 아이가 어떻게 죽었을까'.

다른 사람들은 아이를 생각하면 '불쌍하다'고 생각하더라고. 나는 준우하고 자꾸 대화를 했어요. 내가 키웠으니까, 강하게 내가 키웠으니까 '멋있게 죽었을 거 같다'는 생각이 들었고. 준우가 처음에 나왔을 때 "손발은 다 있는데 머리만 없었다"고 하더라고. 그래서 시체를 내가 보지 못했는데 이모가 그러는 거야 "준우는 이과에 관심도 많고 워낙 똑똑해서 배가 뒤집어질 때도 준우는 암만해도 숨을 쉴 수 있는 공간을 계속 혼자 찾으러 다녔을 거라고, 혼자 숨어서라도. 그래서 준우가 마지막까지 숨을 쉬려고 얼굴을 어디다가 내놓은 것 같다"고, "그래서 다른 것들은 물속에 있어서 암만해도 몸이 괜찮은 것 같은데 얼굴 부분은 다 날아가 버린 게 아마도 살려고 공기하고 접촉이 있어서 어딘가에 숨어 있어서 그렇게 되지 않았을까?" 이모는 그런 상상을 하더라고(울음). '준우가 죽었을 때 얼마나 고통이 심했을까, 얘가 피를 토하고 죽었을까, 아니면 얼마나 서운했을까'라는 생각에.

저는 준우를 강하게 바르게, 내 인생 살면서 전부 다 주고 싶을 정도로 강하고 멋지게 키우려고 했는데…, 그래서 이런 IT 정보에 대한 지식을 많이 가르쳐줬었어요. 신문도 갔다 오면 체크도 해주고, 준우가 텔레비전을 다 볼 수 있는 시간이 없어서 항상 메인만, 그중에 탁탁 볼 수 있게끔 SBS 몇 시, KBS 몇 시, MBC는 몇 시 해서 딱딱딱 볼 수 있는 시간에 걔 "나오라"고 해줬었어요. 그러면 테레비 메인만 보고 들어가서 공부하고 이렇게 해줬는데, 그 IT를 매일 가르쳐줬는데 준우가 거기 배가 넘어가면서 얼마나 이 아이가 고통스러웠을까. 엄마, 아빠도 생각했을 거고, ○○이도 생각했을 거고. 근데 구하지 못한 거지. 지가 기가 막힌 건 아마 단원고 전체가 없어진다는 그거에 얘가 얼마나 비참했을까. 단원고를 되게 멋지게 생각하고 그랬는데. '그 아이들이, 하필이면 왜 내가, 왜 여기서 단원고가 이렇게 됐을까' 준우가 아마 그런 원망을 했을 거 같더라고(울음).

얼마나 많은 아이들이 공포를 당할 때, 물이 밀려와서 죽을 때 준우가 그 아이들을 다 봤을 텐데, 친구가 죽는 걸 봤을 텐데 그 아이는 무슨 생각을 했을까, 왜 준우가 공포스럽게 죽었을까. 남은 엄마들은 다 그렇게 생각해요. 나는 준우가 좀 추운 걸 싫어해서, 얼마나 그때 추웠어요. 얼마나 그때 물이 차가웠어요, 바깥에 가서 물 만지면 손을 뗄 정도였는데. '준우가 이걸 몸을 담그고 있었을 때 얼마나 고통스러웠을까. 내 아이가 너무 추워서 벌벌 떨고 죽느니 따뜻한 물에 좀 담

가져서 죽었으면 좀 나았을 텐데' 그런 원망, 남아 있는 엄마는 그런 생각만 해요. '내 아이한테 에어포켓을 쏘지 말고 내 아이한테 조금이라도 뜨거운 물을 부어주지. 에어포켓 없었을 텐데, 애들 살 수 없을 텐데, 죽어가는데 애들 차갑게 안 죽고 따뜻하게 죽었으면 얼마나 좋았을까'. 배 안에서 얼마나 고통스럽고, 아이들이 살려고 나중에는… 그것도 말 들어보면 손발이 다 없어졌잖아요. '얼마나 긁었을까, 살려고 얼마나 죽기 싫다고 이 아이들이 피를 토하고 죽었을까' 그런 고통들이 지금도 엄마들은 기억을 해요. 그래서 저도 처음에는 그렇게 많이 기억을 했었죠.

근데 나는 또 준우가 다른 아이들하고 틀려서, 아마 '죽음을 멋지게 죽었을 거'라고 생각을 해요. '고통은 있었겠지만 아마 짐작은 했을 거'라고 생각해. 준우가 우리하고 전화도 안 터진 게, [통화]하면 걱정을 할까 봐 준우가 나한테 전화를 안 했었던 것 같고. 준우가 약간의 촬영도 했었고 약간 사진도 찍어서 저희가 복기를 했었지만, 그런 거 찍을 정도 아이였으면…. 보셨겠지만 저희 준우가 마지막에 찍은 사진이 브이[V] 자가 있었어요. 준우는 얼굴에 여드름도 있고 사진 찍는 걸 정말 싫어했어요. 진짜 돌 지나고 찍고, 진짜 입학 사진도 눈 감을 정도로. 앨범 사진만 좀 애가 웃고 표정이 있지, 그렇게 셀카를 찍은 적이 한 번도 없고 어쩔 수 없이 엄마가 부탁을 하면 진짜 "1년에 한두 번 찍어주겠다"는 말은 했었어요, 같이 셀카를. 그래서 혼자 찍는 건 처음엔 그날 마지막 모습이 9시 40분쯤에 찍었는데, 혼자 브이 자를 하고 사진을 찍었더라고, 그게 마지막이더라고. '아, 애가 죽을 때는 짐작하고 있었구나. 남겨질 걸 알고 이걸 찍었구나' 생각했었고.

준우가 죽었을 때는 고통도 있었겠지만 17살이면 수영도 잘하고 얼마나 똑똑해요. 17살, 18살이면 일반 어른들보다 더 똑똑한 애들이고 한데, 멋지게 죽지 않았을까, 내 아이가. "죽더라도 운명"이라고 준우가 말을 했었어요. 준우가 그런 말도 나한테 했기 때문에 준우는 '친구들한테 용기를 주고 죽었을 거'라고 생각을 해봤어요. '야, 우리 멋지게 죽자' 친구들 얼마나 걔네 고성도 잘 질러요, 얼마나 악을 질렀겠어요. '우리 다음에 만나자, 더 멋진 곳에서 만나자' 그러면서. 지금도 나는 궁금하고 물어보고 싶은 게, 정말 좀 누가 학술적으로라도 '이 아이들이 그냥 죽지 않고 죽었을 때 정말 고통스럽지 않고 이렇게 같이 모여서 어떤 이야기를 했을까?'라는 생각을 아무도 해본 사람은 없었잖아요. 나는 그 아이들이 정말 진짜 어떻게 죽었을지 마지막 모습을 가르쳐줬으면, '악으로 표현하지 말고 이렇게 강하게 표현돼 있었으면 좋겠다'는 생각을 해봤는데, 아직은 좀 답이 없는 것 같고. 나는 아마 준우가 그냥 죽지 않고, 내가 키운 방식으로 봤을 때는 아마 모여서 큰 소리로 멋지게 죽었을 거 같고 '우리 마지막인 거 같다'고, '얘들아, 우리 힘들게 죽지만 마지막에 죽고, 단원고를 희생하고 남은 사람들이 잘해주겠지' 그런 이야기를 했을 것 같아요(울음).

왜냐면 준우도, 그 아이들도 그렇다시피 단원고는 [수학여행] 얼마 전에 그 천안함 사고 [추모하는] 그런 글도 썼잖아요. 준우도 그 글을 썼더라구요, 찾아보니까 있더라구요. 준우는 내가 메모해 놓은 걸 어떻게 찾았긴 찾았는데, 그런 거 보면 그때도 천안함 사태에서도 제가 이야기를 되게 많이 했었어요. "너무 안타깝다"고, "저렇게 멋진 애들이 죽어서 얼마나 안타까울까. 부모는 얼마나 고통스러울까" 그런 이야기들을 내가 자꾸 준우한테 이야기해 주고(울음). 사고가 나면, 특히 저는 바닷가에서 살아서 배 사고가 나면 그걸 준우한테 그런 이야기를 참 많이 해줬었어요. "어떻게 저런 일이 있을 수 있지?" 그리고 "저런 사람들 때문이라도 네가 잘해야 한다"고 이런 생각 많이 했었고. 하여튼 사고 나면 준우한테 항상, 큰 사고 나면 "어떡해, 어떡해" 막 오두방정 떤다고 할 정도로 엄마가 그랬었는데, '그래서 많이 준우가 걱정하지 않았을까' 그런 생각을 좀 했었고.

거기에… 보다 보면, 부모들이 보통 보면 진짜 집에 있을 때는 휴지 한 통이, 두루마리 화장지가 [눈물을 닦느라] 정말 1시간에 없어질 정도로, 다 썹어서 먹는다고 하죠? 그럴 정도로 힘들었고. 혼자 집에 있을 때는 정말 준우만 생각하면 땅바닥에 굴러다닌다고 그러죠, 악이 넘치니까, 어떻게 할 수가 없으니까. 아무리 내 몸을 벽에 던져보고 바닥에 던져봐도 해답이 없는 거예요(울음). 정말 데굴데굴 굴러다닌단 말이 현실이야, 현실. 내가 준우 낳을 때도 하늘에 별이 보일 정도로 [아프게] 그렇게 아기를 낳았는데 준우가 사라지고 난 다음에 혼자 집에서 가만히 생각해 보면은 너무너무 원통하고 분해서 정말 내 몸을 던지고 그 고통을 다시 느끼고 싶어서… (눈물을 훔치며) 저는 벽에다가도 내 몸도 던져보고 바닥에도 던져보고. 그런데 준우만큼 고통은 안 되더라구요, 준우에 대한…….

근데 지금은 [준우가] 좀 '살아 있다'고 생각해요. 제가 믿지는 않지만, 준우가 다니는 절에 스님이 있었는데 그 스님도 "이상하게 조금 기분이 이상했다"고 하더라고. 팽목도 왔다가 내가 자고 있는 그 앞에서 "벌벌 떨고, 하루 종일 떨다가 갔다"고 하더라고. 내가 그 바로 앞에 천막이더라고, 알고 봤더니. 스님이 그러는 거야 "준우가 워낙에 영특해서 친구들 잘 데리고 좋은 곳에 있을 거"라고. 근데 종교가 희한한 게 있잖아요, 자꾸 기도를 하니까 준우가 나오더라구요. 준우가 나오고, 준우 친구들도 또 찾을 수 있는 거예요. 스님한테서 준우 친구들을 찾아요. 그 스님이 누구누구 어떻게 생기고, 준우한테 친구가 몇 명 있었고 이런 거를 스님이 정말 기가 막힐 정도로 이야기했었고. 나중에는 믿거나 말거나지만 자꾸 준우에 대해서 기억을 하고 기도를 하다 보니까 준우하고 이렇게 보이더라고.

근데 처음에는 이런 이야기를 하더래. 준우가 "우리 죽지 말고 여기 남아 있자"고, 그리고 "우리가 왜 죽었는지 아냐?"고, "나는 살았는데 왜 사람들은 내가 죽었다고 이야기를 하고, 울고 이렇게 싸우는지 모르겠다"고. (눈물을 훔치며) "나는 살았는데 왜 울어? 엄마는 왜 저렇게 고통스럽게 저렇게 있냐?"고. 그래서 준우가 "이해를 못 하겠다"고 자꾸 스님한테 물어보더래. "내 친구들 다 살았는데 왜 세상 사람들은 저러냐? 그래서 나 여기서 해코지를 더 하고 싶다. 남아서 해코지를 하고 싶다"고 자꾸 친구들이 그런 말을 하고 준우도 그런 말을 하더래. "이해가 안 된다"고, "내가 왜 죽었는지 갑자기. 나 여행 갔는데 해코지를 하고 싶다"고 걔네들 영혼들이 막 떠다닌다고 그러더래. 스님이 그래서 자꾸 준우를 붙들어 놓고 "그게 아니다, 그게 아니다" 했다고 하더라고. 그리고 나보고 물어봐 "너는 준우를 하늘나라로 보낼 수 있겠니?" 그래서 "아니요, 저는 준우 하늘나라로 못 보내요" 그랬더니 스님이, "너도 나랑 똑같냐?"고, "나도 준우를 하늘나라에 못 보내고 싶다, 17살이면 너무 이쁜데 너무 억울하게 죽었는데 어떻게 그 아이들이 하늘에 간다고 빌고 기도를 할 수 있겠냐? 준우가 생각보다 영특하다"고 하더라고. 말귀를 그렇게 잘 알아먹는대요.

근데 제가 왜 스님 이야기를 하냐면은, 내가 스님을 믿지도 않고 내가 절도 안 다니는데 그 스님한테서 준우 행동이 다 나와요. (눈물을 훔치며) 준우 말투, 준우 행동 그게 스님이 나한테 말할 때마다 준우가 너무 많이 보이는 거예요. 그게 그래서 내가 안 믿을 수가 없는 거예요(울음). 그래도 스님한테 티 안 내요(한숨). 집에 와서 준우 아빠한테 "이상하다. 왜 스님한테서 저런 행동들이 보이는지 모르겠다"고. [스님이] 준우랑 자꾸 대화를 하다 보니까 스님이 준우 말투를 나한테 하고 있어서 내가 물어봤어. "스님이 하는 말, 지금 말씀은 나한테 일부러 하는 이야기냐?"고 그랬더니 아니라는 거야. 자기가 무슨 이야기를 한지 모르고, 법문이라고 하죠? "나는 지금 법문을 이야기하고 있는데 네가 지금 생각대로 가는 거"라고 그렇게 이야기하는데 그거 들을 때마다 준우가 나한테 뭔가를 자꾸 이야기하는 거예요. 스님은 자기가 이야기하는 게 아니라 준우가 그걸[자기를] 통해서 자꾸 이야기하는 거라고 하는데, '이제 슬퍼하지 말라'고 자꾸 준우가 나한테 그러는 거 같애. 사진을 보고 있으면 "엄마 슬퍼하지 마, 힘내. 나 너무너무 좋은데 가 있으니까, 엄마, ○○이 잘 보고 있고 예전처럼 밝게 긍정적으로 살아. 나는 엄마를 항상 지켜줄 거야" 하고. 그래서 많이 마음을 다듬었죠.

힘든 것도 있었는데 "이렇게 살면 안 되겠다" 싶어서 자꾸 그러고, 주위에 있는 저희 엄마, 이모도 되게 많이 힘들어했었어요. 근데 저희 집만 오면 그런 소릴 해요. "이상하게 준우가 옆에 있는 거 같다"고,

꼭 네 옆에서 지켜주는 것 같고. 근데 그게 집에 오는 사람마다, "밖에 있을 때는 너무너무 괴로워서 못 왔는데 막상 집에 들어오면 준우가 항상 네 옆에 앉아 있는 것 같다"고. 저쪽 부엌 가면 그게 오는 사람마다 나한테 그런 이야기를 하더라고. 근데 나도 그렇게 생각하고 있는데, '아, 저 사람들도 똑같이 보이나 보다' 그래서 '너무 슬퍼만 하면 안 되겠다' 싶어서 좀 긍정적으로 많이 생각하고 있었고.

## 5
## 다시 직장을 다니게 된 계기

**준우 엄마**　　　저는 그러다가 직장을 좀 다녔었어요. 직장을 다녔는데 왜 직장을 다녔냐면, 아빠도 [가족협의회] 임원을 하다 보니 좀 힘들었었고. ○○이도 좀 힘들었었는데, ○○이 이야기하다 보면 학교 얘기가 끝날 수가 없는데, 많은 이야기가 있었는데, 하루는 "엄마, 아빠가 항상 저렇게 힘들어하고 다 포기하고 다니는데, 나도 학교 안 다니고 형아를 돕는 일을 해야겠다. 어차피 공부 제일 잘하던 형아도 저렇게 죽어버렸고, 그렇게 우리한테 가르치고 떵떵거리고 아빠 미국 다니고 출장 다니고 회사에서 제일 높은 사람이 되니, 어쩌니 저쩌니 저렇게 하고 열심히 하라는 아빠도 하루아침에 직장 그만두고". 자기가 보니까 앞날이 아무것도 없더래. "어차피 형아하고 아빠처럼 될 게 나도 뻔한데 내가 왜 학교를 다니냐?"고 그래서 '어머, 안 되겠다' 싶어서 제가 너무 힘들지만 직장을 다녔었어요. (면담자 : 그때가 언제였나요?) 6개월 좀 지나고 갔었죠. 그래도 사장님이 많이 배려를 해주더라고. 사장님이 조금 참았다가, [나는] 사직을 원했는데 사장님이 "자식이 힘든 거 안다"고 그러면서 "우리는 언제든지 너를 기다려줄 거니까 오라"고 그런 이야기 하더라구요.

그리고 장례식장에서도 회장님이 오셨어요. 회장님이 사장님 아버지인데, 사장님 아버지가 오셔서 나한테 그러는 거예요. "죄송하다"고, "무슨 말씀이시냐?"고 내가 자꾸 그랬더니 이 사고 났을 때 밖에 계셨대요. 세월호 사고가 났다길래 깜짝 놀랬대요. "저 아이들을 내가 죽인 것 같다는 생각이 들었다"는 거죠. 그래서 "무슨 말씀이시냐?"고 그랬더니 "내가 사회에다가 돈을 벌고 이익을 많이 얻었을 때 이런 데에다가 보이지 않는 곳에다가 투자를 했어야 했는데 너무 이익만 추구하다 보니까는, 난 내 돈만 벌고 이익만 추구했는데 애들이 저렇게 딱 애들이 250명이 죽어버리고 없으니까 너무 허망하더라"는 거예요. 그래서 "어른 된 자기로서 너무 해준 게 없어서 애들이 죽은 것 같다"고 그래서 그런 말씀 하시면서 그러고 왔는데, 거기에 또 자기 "회사 직원 아이가 [희생자 중에] 있다"는 말에 더 놀라셨더라고. 사장님도 놀래고 회장님도 놀래가지고 그분들도 트라우마를 겪을 정도로 많이 힘들어하셨다고 그러더라고. 고맙기도 하고 그런 생각이 나서 보답은 해야겠다는 생각이 나서 준우 아빠한테 그런 말 했었고. 〈비공개〉

그리고 제가 직장 다녔었는데 정말 힘들었었어요. 나는 [회사에서는] '4월 15일'인 거죠. 근데 사람들은 '4월 16일'로 기억하고 있는 거야. 나는 분명히 회사 가니까 내가 '4월 15일'인 거야. 그래서 사람들이 다 나를 이상하게 봐요, 하나하나 다. 내가 먹는 거, 움직이는 거, 내가 화장하는 거, 옷 입는 거, 가방 메는 거까지. 나는 옛날의 그 모습 그대로 가방을 메고 가는데 사람들은 이상하게 보더라고. "쟤는 애기가 죽었는데 멀쩡하네?" 그래서 물어봤어요. "그럼 내가 애기가 죽었는데 어떡해야 해?", "야, 나는 우리 애기가 죽었다면 막 따라 죽었을 거 같애. 넌 안 죽고 여기 회사 왔어?" 이런 이야기를 해요. [그래서 내가] "죽어보라"고. "언니 한번, 애기 한번 죽여봐, 진짜 [언니도] 죽나". 내가 정말 그렇게까지 했는데도 사람들이 그렇게 생각하는 거야. 〈비공개〉 "나한테는 그런 이야기를 안 하는데 자기들끼리 이야기를 많이 했다"고 하더라고. 나보다도 더 관심이 많은 것 같아. "보험은 얼마 들었니, 어쨌니". 사람들이 바라보는 눈이 많이 그렇더라고. 그래서 좀 많이 서운했었어요, 직장 다닐 때.

그래도 다 이겨냈죠, 어떡해요. 그리고 직장을 이겨내고 했어요 [다녔어요]. 그리고 어차피 『금돌』[『금요일이면 돌아오렴』]이 나왔으니까, 이야기를 실었으니까 들어주는 사람들한테 이야기하고 싶어서 준우 아빠랑 시간 날 때, 나는 거의 주말이라든지 금요일 오후 이렇게 날짜를 잡아서 조금 몇 번 많이 [북 콘서트를] 했었죠. 아빠를 [이야기를] 많이 하게끔 만들었었어요. 그랬더니 아빠가 의외로 준우 이야기를 많이 하면서, 같이 부부가 같이 이야기를 하니까 처음으로 내가 준우 이야기를 하는 걸 듣고 아빠는 몰랐던 거야. "아, 우리 준우가 이랬구나". 다음에 이야기할 때도 준우에 대한 이야기하고. "많이 반성도 했다"고 하더라고, 내 이야기를 듣고.

준우 아빠는 나름 준우에 대한 것도 있지만 내가 볼 때는 남들보다 빨리 앞을 보는 것 같아요. 지금까지 내가 그 팽목에 있을 때도, 나도 그렇고 준우 아빠도 그랬지만 '아, 이걸 빨리 해결해야겠다, 해결해야겠다'. 준우 찾고 한 일주일 정도 지났을 때는, "여보 우리 일주일이 지났는데 우리 계속 이렇게 있으면 안 될 거 같애. 뭔가를 해야 할 것 같은데 이 많은 사람들 다 어떻게 왔지? 이 사람들은 직장 안 다녔나? 이렇게 뭔 일이 있었지?"

그때부터 준우 아빠는 계속 이야기를 했던 거예요. "어? 정부하고는 이랬으면 어떻게 일이 있었지?"라고 생각했는데 그런 이야기를 팽목에서 계속하고 있었고, 내가 직장 다니는 사람으로서 놓친 부분도 이야기를 많이 했었으니까 그런 것도 둘이 생각을 하게 되더라고. 또 어떻게 사고가 났는데 정신이 없는 상태에서도 자꾸 남을 생각하게 되더라고. 그게 기존의 마음 그런 게 있어서 그랬던 것 같아요. 그래서 단단한 심지가 있었지 않았을까? 누가 그러더라고 "너네는 얼마나 가슴에 심지가 많고 못을 많이 박아놨으면 그 상황에서도 너무나 멀쩡하냐?" 진짜 장례 치르고 분향소에서 날 이상하게 보는 거예요. "어? 아줌마가 여기 왜 있어요?" 그랬더니, "왜요?" 그랬더니 "팽목에 있을 때 심리상담사였는데 왜 여기 와 있어요?" 그러더라고. 항상 인사해 주고 밝게 해줘서 그런가 몰라도 "나도 유가족이고 아빠도 유가족이었다"고 그랬더니 사람들이 놀래더라고. "유가족이었냐? 우리는 유가족인지 몰랐다"고.

예를 들어서 누가 스님이 만약에 떡을 해가지고 오면 "떡보다도 죽 해주면 안 돼요? 우리 가족들은 죽을 많이 먹는데", 항상 이렇게 그 상황에서도 그러는 거예요(웃음). 뭘 주면 "이거 말고 다른 거 해주세요. 똑같은 죽 먹기 싫어요". 거기서도 그렇게 하게 되는 거야(웃음). 왜냐면 나 말고 다른 사람들이 남기잖아요. 그걸 보고 가면 '아, 저거는 이래서 싫고 저거는 이래서 그렇고', 또 버릇이 돼가지고 그러고 있더라고. 내가 오지랖이 넓어서, 준우가 없는 상태인데도(웃음). 왜 냐면 나는 준우가 제일 늦게 나올 줄 알았어요. 그리고 어디 엄마들이 말하는 것처럼 무인도에 살고 있을 줄 알았어요. 그래서 나는 정말 기 지국 가서 찾아봤다고 했잖아요, 기지국도 연락해 보고. [그래서] 준우 가 제일 나중에 나올 거라고 친구들 다 보내고. 엄마, 아빠가 할 일이 너무 많으니까. 아빠도 일이 많았거든요. "아, 엄마, 아빠 할 일이 되 게 많으니까, 우리 준우는 다 해놓고 나오려고 하나 봐, 여보. 준우가 우리 일 다 해놓고 나오려나 봐. 빨리빨리 해야 할 거 같애". 그니까 둘이 그러고 있는 거야, 슬픈 가운데서도. 〈비공개〉

## 6
## 직장을 그만둔 후의 일상과 준우에 대한 추억

**면담자**    직장은 쭉 다니셨나요?

**준우 엄마**    직장은 다니다가 그만뒀어요, 8개월 정도. [준우] 아빠 랑 우리 언니가 아마 내가 너무 힘들어서, 기가 없어서 너무너무 힘 들어서 아마 그만뒀을 거 같아요, 내가.

**면담자**    그러면 작년에 그만두신 거죠? (준우 엄마 : 네) 직장 안에서 어떤 게 제일 힘드셨어요?

**준우 엄마**    일은 힘든 게 없는데, 일하다가 보면은 집중의 80프 로가 준우를 생각하고 있더라고, 내 자신이. (면담자 : 회사에 나가서도?) 네. 그리고 365일 지금도 머리의 반은 준우예요, 이 시간에도. 나만 그런 게 아니라 온 가족이 다 그럴 거예요. 평생 이렇게 살아가야 되는데, 그래서 나는 자고 나면 그래요. "아, 10년이 후딱 지나갔으면 좋겠다". 다른 사람들한테 내가 물어봤어요. 어제도 가게에서 슈퍼[에서 물건] 사면서 "아줌마, 나는 빨리 10년이 지나갔으면 좋겠는데, 10년이 지나가려면 어떤 방법이 있어요?" 하고 아줌마한테 이야기했더니 아줌마가 "왜 젊은 사람이 그런 이야기 하냐?"고 그런 생각을 하지 말래. "그 10년이라는 세월은 우리가 만약에 젊어서 많이 놀아야 하고 애들도 키워야 하고", 막 그런 이야기를 하는 거예요, 옛날 이야기를. 근데 나는 지금도 하나도 내 생활이 없어요 (울음). 정말 준우가 있을 때는 직장을 다니거나 백을 하나 사거나 동창 모임을 가면 준우가 뒤에서 코디를 다 해줬어요. "엄마, 신발은 그 정도 신어", "엄마, 옷은 저 정도 입고", "엄마 옷 다 갖고 와봐, 내가 다 봐줄게", "엄마, 핑크색 가방은 안 어울려요", "뒷모습은 정말 예뻐요" 칭찬도 많이 해주고 엄청. 내가 준우를 마흔두 살에 보냈는데 나는 마흔하나 됐을 때 정말 너무 잘하고 살았어요. 열심히 살았고, 예쁘게 살았고, 하고 싶은 거 다 하고 살았고. 요즘에 멋진 미스 아줌마족으로 미시족처럼 그렇게 이쁘게 하고 살았고, 되게 희망도 많았고 꿈도 많았고. 그 시골 바닷가에서 크면서 그런 생활도 계속 이어가면서 엄청 재밌게 살았어요. 진짜 행복하게 살았는데….

준우가 딱 없어진 지 지금도 2년이 지났지만 내 생활은 거의 없어요. 아무것도 하고 싶지가 않아요. 지금도 잠을 자면 계속 소리 지르고 어젯밤에도 제가 자꾸 소리를 지르나 봐요. 그래서 제가 얼마 전에 서명을 갔다 왔잖아요. 저희 서명 갔다 오면 사람들 눈빛을 보고 이야기를 해요. "서명 한번 해달라"고, "우리 아이들 위해서 서명을 해달라"고. 근데 그거를 외면하는 사람들 눈을 보게 돼요, 제가. 외면하는 사람들 눈을 보고 내 자신이 불쌍한 게 아니라 그 사람들이 왜 저런 생각을 갖는지, 그 사람들이 불쌍한 거예요. 서명을 안 하고 간 사람들이 불쌍하고 외면하는 게 너무 싫은 거예요. '아, 간단[히] 할 수 있는데 왜 그럴까? 저 사람들도 다음에 저런 일이 생길 수 있는데'. 옛날에도 나는 지나가는 아이들을 보면 "아이 예쁘다, 예쁘다" 하고 머리를 쓰다듬어주는 걸 잘했었어요. 근데 지금은 신호등에 아이들이 서 있으면 자꾸 머리를 만지는데, '이 아이가 중학교 되고 고등학교 될 때까지 잘 자랄 수 있을까?' 오늘도 보니까, 사람들 보면 임신한 사람들, 아이가 조그마한 아이들 보면 '저 사람들이[아이가] 나중에 고등학교까지 잘 자랄 수 있을까?' 옛날에 행복할 때 '아, 멋진 부부네', '멋진 신혼부부네', '멋진 커플이네' 생각했는데 지금은 그렇게 생각 안 하고, '저 사람들이 결혼해서 애기를 낳으면 잘 키울 수 있을까? 10년, 20년 잘 기를 수 있을까?' 불안한 마음이 생겨요, 지금도 그래요. 세상이 그렇게 돼버리는 것 같아요, 준우 사고 나고 희망이 없어. 나 엄청 말도 많고 꿈도 많고 정말 그렇게 살았는데…. 비자금도 챙길 정도로 그렇게 살고 나중에 준우 결혼하면 결혼 생활비도 지금 직장 다니면서 조금조금씩 신랑 몰래 조금조금씩 넣고 있었고(한숨). 그런 게 없어져 버리고.

아직까지도 없어요, 꿈이 없어요. 꿈이 없고 살기 싫고. 옛날에는 살아온 날보다 살아갈 일이 많아서 되게 행복했는데 지금은 살아온 게 너무 길어요. 살아온 게 너무 길어서 남은 날이 너무 짧은 거잖아요. 지금은 짧으니까 너무너무 좋아요. '짧아서 준우를 빨리빨리 만날 수 있겠구나, 그래서 10년을 홀딱 뛰어넘으면 얼마나 좋을까'. 나는 10년이 없었으면 좋겠어요, 그러면 조금이라도 잊혀져 있지 않을까? 너무너무 힘들어요. 내가 다시 예전으로 돌아갈 수 없다는 게 너무너무 힘들어요. 아직까지 사고 나서 주위 사람들한테 말해본 게 없어요, 유가족밖에 없었어요. 나 주위에 친한 언니들도 많았고, 정말 좋은데 밥 먹으러 다니고 바람 쐬고 많았는데, 어디 앉아서 커피숍에서 커피 한잔 마시면서까지 이야기도 못 하고. 내 인생이 많이 달라졌어요, 왜냐면 너무 억울하게 죽었으니까. 그냥 교통사고 나서 죽었으면 말이라도 안 하지, 아이가 고통 없이 죽었으니까. 근데 애들이 얼마나 고통스럽게 죽었을까 생각해 보면 많이 힘든 것 같아요, 진상 규명이 돼도 힘들 것 같고.

　어떤 엄마가 그러더라고 "못 해준 것만 생각나서 울었다"고. 근데 나는 못 해준 것 보다 잘 해준 게 더 많더라고(웃음). 그래서 잘 해준 게 많은 것만 생각하고. 나 그 엄마한테 그랬어요, "왜 애기가 죽었는데 자꾸 못 해준 것만 생각하냐?"고, "잘 해준 것만 생각해. 잘 해줄 시간도 우리는 이제 없어. 죽은 애 잘 해준 것만 생각할 시간도 없는데 왜 못 해준 것만 생각하냐?"고. "그 아이가 알면 얼마나 더 고통스러워하겠냐고". 말은 또 그렇게 하는데, 저도 안 그렇죠. 저는 지금까지 못 해준 것에 대해서는 한 번도 생각을 해본 적이 없어요. '아, 이것도 다 준우가 이렇게 가르쳐주는구나'. 제가 살아가는 게, '준우가 이렇게 하면 좋아하겠네? 맞아, 준우가 있었으면 이렇게 하라고 할 거야, 그래'.

내가 너무 가족끼리도 너무 힘들 때가 있어요. 서로 어쩔 수가 없어, 사람이. 이 사람하고 나하고 또 틀려요. 상처를 받아요, 가족이 가족한테 상처를 받더라고. 나는 처음에 되게 힘들었던 게, 준우 아빠가 입원하면서 저게 많이 트라우마가…. 나중에 준우 아빠 나왔을 때[그만두었을 때] '이게 분명히 해결되지 않을 거고 길게 갈 텐데 저렇게 열심히 하다가 만약에 그만뒀는데 트라우마가 생기면 어떡할까?' 그래서 저는 딱 사고 터지고 집에 안 좋은 일 있을 때 '트라우마를 어떻게 이겨내지?' 이 걱정 되게 많이 했었어요. 그래서 한번은 정혜신 박사님을, 여기 1층에서 강의를 한 적이 있었는데 제가 그때 강의를 듣고 빵! 터졌죠. 아, 내가 그동안 트라우마를 생각하면서 앞으로 트라우마를 걱정했었는데, 그 트라우마를 다 해결해 줬던 것 같아요, 그분이. 그래서 많이 자신감도 얻고….

# 7
## '북 콘서트'에서 만난 사람들과의 일화

**준우 엄마**    크게 만난 적은 없지만 '북콘[북 콘서트]' 하면서도 보면은 [사람들이] 진짜 힘을 많이 줘요, 안아주기도 하고. 창원에 계신 어떤 분이 나한테 한번 그랬어요. 퇴장하는데 막 나를 잡는 거예요, 끝났는데. "왜 그러시냐?"고 했더니 한 번만 안아보겠대, 나랑 나이가 비슷한 것 같은데 한 번만 안아보재. "아까도 이야기를 하실 때 너무 밝게 이야기를 하는데, 준우 이야기만 하면 엄마가 너무 밝아지더라. 그래서 그거에 감명 먹었다"고 그러면서 나보고 "어떻게 1년 동안 사셨어요?" 그렇게 물어봐. 그래서 "왜요?" 그랬더니 자기는 1년 동안 세월호만 생각하면 가슴이 너무 아파서 살 수가 없었대. 밥도 제대로 못 먹겠고 그 아이들이 너무 불쌍해서 살 수가 없고 숨을 쉴 수가 없는데, 근데 준우 엄마를 보는데 아까 보니까 이야기할 때 너무 밝게 이야기하고 너무 좋게 좋게 이야기를 하더래. "그래서 안심이 됐다"는 거야, 인제는 밥도 먹을 수가 있을 것 같고. 준우 엄마가 이렇게 괜찮아진 걸 보니까 자기도 '아, 이제 괜찮아졌나 보다' 그렇게 생각한다고. 그래서 "왜 그렇게 사셨냐?"고, "나 이제 괜찮아졌다"고, "많이 괜찮아졌으니까 걱정하지 말고 식사도 잘 하시라"고 했더니, 준우 엄마를 만나기 전까지는 그걸 못 느꼈대요. 그러니까 고통스러웠대, 세월호 아이들만 생각하면 1년 동안은. "준우 엄마, 준우 아빠를 보고 나니까 이제 걱정이 좀 덜 된다"고 하더라고. 그래서 "우리는 안산에서 그나마 잘 지내고 있으니까 여기서 잘 지내시라"고 "여기서 나도 밥 잘 먹고 있을 거니까 같이 밥 잘 먹고 다녀요" 그랬더니, "자기도 앞으로 그렇게 생각하겠다"고 그런 분들도 있었고.

또 많이 들어주시고, 이야기를 많이 하다 보니까 또 나만 하는 게 아니라 같이 가는 분들 이야기 듣고 하니까 좋고. 나중에는 내 아이 이야기보다 다른 부모들도 이 자리에 같이 앉았으면 얼마나 좋았을까 싶었어요. 한 번은 은화 엄마하고도 한 번 한 적 있었어요. '북콘'이 뭔가 싶어서 궁금했대요. 그래서 "저희랑 한번 가자"고 했어요. 그나마 갈 수 있는 사람이 저희밖에 없을 것 같더라고. "은화 엄마 가는 거 어떻겠냐?"고 누가 물어봤는데 "아, 괜찮다"고. 그때 은화 아빠도 준우 아빠하고 한두 번 만났던 사람이고, 밖에서 똑같은 사람들이고. 좀 고민했었어요. '은화 엄마가 좀 힘들어할 텐데 어떡하지?' 걱정도 많이 했는데…. 막 이야기했어요. 중간에 가면서 농담도 하고 막 하다가 좀 친해졌는데 이렇게 뒤에서 [북콘에서] 은화 엄마가 앞에 앉고 내가 뒤에 앉아서 이렇게 봤더니 은화 엄마가 울더라고. 우는데 그 모습이 너무 안 좋았고 '오늘은 내가 말을 하면 안 되겠구나' [라고 생각해서] 은화 엄마더러 "하고 싶은 말 다 하라"고 했는데 그 은화 엄마 서러움이 막 넘치더라고 북콘 할 때. 은화 엄마가 그런 말을 나중에 하더라고. "자기가 너무 울어서, 자기 아이 이야기만 하고 자기가 너무 그래서 미안하다"고, 나한테. 그래서 아니라고 그랬죠. 은화 엄마가 그러더라고, "장례식을 치르고 이렇게 북콘 다니는 게 너무 부럽다"고. 그 말을 들었을 때 너무 미안하더라고, 은화 엄마한테. 은화도 빨리 찾았으면 좋았을 텐데…. 우리가 생각지 못한 일이 많아요. 지금도 그 사람들은 유가족들은 "서운하다"고 하겠지만 나는 그분들 봤을 때 너무너무 미안하고(한숨). 저 사람들 정말 대단한 것 같아. 나는 만약에 진짜 우리가 준우가 안 나왔으면 나는 정말 저것보다 더하면 더했지, 나는 그냥 못 살 거 같아. 저 사람들 살아가는 거 보면 참 용하기도 하고… 뼈라도 찾아야 될 거 아니에요. 나는 준우 찾으니까 얼마나 좋았는데, 와서 고맙다고.

# 8
## 준우에 대한 기억

준우 엄마    준우가 4월 3일생인데 5월 3일 날 저한테 왔어요, 진짜 그 감이라는 게 있더라고. 준우 찾을 때도 감이 있었는데, 그날 아침에도 '아, 오늘은 좋은 일 있을 것 같다'고. 내가 그때 잠깐 준우 아빠가 인터뷰가 되게 많아 가지고 인터뷰를 하는데, [아빠가] "준우 엄마, 잠깐 나와 봐" 그러더라고. 준우 아빠가 인터뷰 끝나고 "준우한테 가서, 팽목 등대 가서 준우 좀 부르자. 남들 다 그렇게 하면 나왔대". 그래서 그날 처음으로 신랑이 세수를 하고 나한테 왔더라고. 그렇게 같이 있었던 적이 없었던 거지. 인터뷰하고 잠깐 따라오래, 데이트하재, 인터뷰 끝나고 데이트 하러 가자고. 그날 어떻게 하다 보니까 '뉴스타파'에 내 이야기가 나온 거예요, 준우 아빠 1시간짜리는 다 짤라버리고. 그래서 나 너무 서운해서 피디한테 전화를 걸었어요. "아니, 어떻게 된 거냐. 내 신랑 이야기는 1시간 다 빼버리고 내 거 생각지도 못한 그 이야기, 잠깐 말 걸었을 때 내가 잠깐 농담 식으로 했던 이야기만 다 나왔냐?"고 그랬더니, "엄마 께[것이] 너무 마음이 아파서 엄마 것만 편집하다 보니까 아빠 꺼는 다 까버렸다"고 그렇게 이야기하더라고(웃음). 그리고 한참 그러고 있는데, 인터뷰는 인터뷰고 아빠랑 등대 가서 준우 나와달라고 불렀었죠.

그랬더니 준우가 진짜 5월 1일 날 녹화했는데, 5월 3일 날 아침에 그게 방송이 돼서 그 시청[하신] 분이 그러는 거예요. "어? 이 엄마네?" 그러는 거예요. 그래서 "왜요?" 그랬더니 "신랑이었어? 이 사람이?" 그

준우 엄마 장순복

래서 "네, 신랑이에요" 그랬더니 "아이고, 나는 둘이 부부인 줄 몰랐네" 그래. 근데 "화면을 보고 깜짝 놀랐다"는 거야, 자긴 너무 따로따로 알고 있었는데. 근데 오늘 아침에 참 좋은 일이 있을 거 같대. "내가 엄마를 처음 봤어. 근데 너무너무 오늘 기분이 좋을 거 같애" 그러는 거야. 그래서 "나도 그럴 거 같아요" 그러고 말았지. 근데 정말 하루 종일 기분이 좋더라고, 그날은. 근데 마지막에 준우가 나온다는 느낌이 있더라고, 오늘 왠지 준우가 나올 거 같다는 느낌. 근데 준우가 그때 나왔었죠. 그래서 짜식이 딱 내가 4월 달을 좀 싫어했었어요. 이야기하다 보면 믿지 않고 싶은 이야기가 많았지만, 나는 준우를 보낼 수가 있는 게, 못 보낸다는 건 거짓말이고, 내가 너무 그립고 보고 싶어서 내가 이렇게 이야기를 하고 떠들고 다니는 거지, 준우는 딱 이 생이 다했던 것 같아요. 지금까지 준우하고 말한 것 보면 모든 것을 다.

항상 나는 이 4월 달이 싫었었어요. '죽을 사' 자 아니냐고. 나는 4월 달이 정말 싫었어요. 4월 30일이 지나면 정말 기도를 했었어요, '아, 다행이다, 준우 4월 달 다 지나가서'. 그래서 얘가 알았나? 4월 말일인데 준우가 안 나오길래 '아, 그래도 다행이다'. (웃으며) 나와야 하는데 안 나와도 '아, 다행이다' 그랬는데, 준우가 어떻게 딱 한 달인 5월 3일 날 나오더라구요. 그래서 진짜 뭐가 있나 싶기도 하고. 근데 준우는 내가 생각했던 거랑 똑같이 그렇게 바래지는 것 같아. 나는 바램이 '얘가 4월 달 지나고 5월 달에 나왔으면 좋겠다' 이런 생각이 있잖아요. 근데 준우는 기본적으로 나랑 보면, 항상 살아 있을 때도 통했지만 '지금도 없는 세상에서도 통하고 있다'는 생각을 한달까? 준우가 많이 이끌어주고 있는 것 같아요.

그래서 내가 많이 힘들 때는 "준우야, 엄마 너무 힘든데 어떡하지?" 그러면 "어, 엄마 그거 버리세요, 그리고 조금 만나지 마세요, 사람들. 엄마 힘든데 분향소 안 가도 되고 내가 다 알고 있어요" 준우가 그런 거예요. 항상 물어봐요, "엄마가 너무 힘든데 어떡하지?" 그렇게 있으면 준우가 자꾸 나한테 잔소리하는 게 눈에 들려. 왜냐면 나는 준우가 남자애지만 정말 이야기를 많이 했어요. 11시, 12시까지 정말 공부하는 시험기간에도 계속 엄마가 이야기를 했었어요. 왜 그렇게 이야기를 많이 했는지 모르겠어요. 그 아이하고 말 할 수 있는 기회가 없을 거라고 생각하고 그랬었나? 이상하게 준우하고는 눈만 마주치면 이야기를, 앉혀놓고 "엄마랑 이야기 좀 하자"고, "아유, 엄마 다음에 해요, 다음에. 저 지금 바빠요, 시험 땜에", "다음이 없잖아, 오늘 해, 오늘. 내일은 두 배야, 내일은 세 배야. 지금이 중요해". 항상 그러면서 타일렀던 거 같은데, 아주 걔가 엄마를 가르친다고 하지? 엄마를 가르쳐요. 남들이 보면 엄마가 이상하다고 하지만 걔는 나를 가르쳤던 것 같아. 그래서 "내가 평생 엄마 옆에서 이렇게 해줄게" 그랬었거든. "너는 남자애라 나중에 장가도 갈 텐데, 엄마한테 못 해줄 텐데", "아니에요, 저는 장가가서도 평생 엄마한테 잘 해줄 거예요. 걱정하지 마세요, 평생 잘 해줄게요" 이런 말도 되게 많이 했었었어요.

지금도 준우가 옆에서 계속 이야기를 하는 것 같애. 내가 힘들 때 마찰이 생기고 부딪치면 이 상처가 엄청 커요, 우리 같은 경우에는. 그래서 '내가 상처받으면 저 가족도 상처를 좀 받겠지?' 이런 생각도 하게 돼요, '나만 좀 참으면 되겠지' 지금도 그런 생각하고. '지금은 내가 크게 나서지는 않지만 언젠가는 내가 할 일이 있겠지, 내가 좀 더 젊으니까 내가 좀 더 안 아프니까'. 의사가 그러더라고, 옛날에 광화문에서 주사 주는데 나보고 "링겔[링거] 맞을 거예요?" 하길래 "저 링겔 맞을 건데요", 근데 내 피를 빼고 맥박을 짚어보더니 세월호 가족 중에 맥박이 제일 좋대(웃음). "어우, 그 말 정말 기분 나빠요" 말했었죠(웃음). '내가 조금 심적으로 잘 지내는 게, 나중에 가족들을 이해하는 일이지 않을까?' 그런 생각도 많이 하고. 이런 사람이 있으면 저런 사람도 있을 거 아니에요. 나는 예전에 준우 아빠가 뒤에서 서포터스 했다고 하는데, 나중에 내가 남들한테 서포터스 해주지 않을까, 잘한 사람들은 잘한다고 정말 나도 이야기해 주고 언니들한테도 이야기해 주거든요.

## 9
## 참사 이후 가치관의 변화

**면담자**　　활동하신 것 중에 제일 어머님께 힘이 됐던 일, 위안이 됐던 일은 뭐가 있었을까요?

**준우 엄마**　국민들이 많이 이야기해 주고 하겠지만, 저는 그래도 가족들이 옆에 있었던 게 제일 큰 힘이었던 것 같아요. 성미산[마을] 갔을 때 그분들이 따뜻하게 안아주셨고. 그때는 북콘 나오기 전이었고 그때는 어딜 가더라도 우리를 잘해줬던 것 같은데, 다 잘해줬던 것 같애요. 광화문에 가서도 "준우 어머니 아니냐?"고, "만나고 싶었다"고 막 그러면서 따뜻하게 해주는 사람도 있었고. '나는 잘해준 게 없는데 저분들은 왜 저렇게 나한테 잘해줄까?' 그런 생각도 많죠. 그런 거는 다들 고마웠던 것 같아요.

면담자    북 콘서트는 언제부터 하셨어요?

준우 엄마    음, 꽤 했었던 거 같은데? 2월부터 했던 것 같애요, 상당히 오래 했던 거 같아요.

면담자    어디어디 다녀오셨나요?

준우 엄마    갈 데는 다 갔던 거 같아요. 광주도 갔었고, 광주 갔을 때 참 호응이 좋았었어요(웃음). 광주는 또 고향이잖아요, 사투리가 막 나오더라고. 그래 가지고 좀 좋아했었고. 우리는 전국구로 돌아다녔던 것 같아요. 남들이 안 가는 데, 기피한 데 멀리멀리 가는 걸 좋아했어 가지고 그랬던 것 같아요. 많이 왔다 갔다 했던 것 같애요.

면담자    정혜신 박사가 강의한 게 도움이 많이 되셨다고 하셨는데 그때 말씀도 해주시겠어요?

준우 엄마    제가 집에서는 메모를 많이 해놨는데, 그분이 하는 말씀하시는 게 하나도 놓칠 게 없어서 정말. (면담자 : 그때가 2014년이었어요?) 네, 5월에서 6월 사이. 나는 '이 트라우마가 분명히 갈 텐데, 남은 가족들도 생각을 해야 할 텐데. 마음이 진정이 되었지만 준우를 또 잘 보낼 텐데, 여기서 만약에 잘못되면 어떡하지? 가족들이 너무너무 힘들어하는데 이 가족들이 어떻게 살아가지?' 그랬는데 정혜신 박사님이 여러 이야기를 해주셨어요. 지금 기억에 나는 건 없지만 내가 보관해 놨는데.

면담자    어머님의 느낌을 말씀해 주세요.

준우 엄마    음, '이렇게 살아서는 안 되는구나, 더 험한 게 있구나, 그리고 더 험한 것도 이겨냈구나. 칼을 도려낼 만큼 더 힘든 사람들도 있는데, 더 힘든 사람들도 있었는데 내가 여기서 벌써 이렇게 생각을 하면 안 되겠지?' 이런 것들? 〈비공개〉 또 아빠하고 사이를 어떻게 해야 할지 같은 것들도. 아빠가 이렇게 [대화가] 될 때까지 기다리고, 자꾸 아빠한테 좋은 이야기를 해주고. 자다가도 벌떡벌떡 일어나서 정말 혼자 이야기하고 있어요, 준우 아빠가 자고 있으면. 정혜신 박사가 이야기했던 것도, 그 써놓은 걸 보고 또 [얘기]하고 또 하고 또 하고 또 하고. 언젠가는 잠 깨다 듣겠지, 남편이. 그래서 그 말도 감사하고. 감사할 이야기가 다 많죠, 여러 분들이.

면담자    참사 이후에 어머님의 가치관이 달라졌나요?

준우 엄마    그 이후엔 책을 보려고 하는데 책이 눈에 안 들어오더라고. 내가 생각했던 게 다 없어졌어요. 준우를 위해서 다 내 거를 만들고 토해냈는데… (눈물을 훔치며) 지금은 정치를 너무 가까이에서 봤잖아요, 저희가. 정말 이게 아닌데, 부모들이 다 깨어나야 하는데 너무 밑바닥을 본 것 같아요. 정말 팽목에서부터 저희가 지나갈 수 없는 국회까지 들어갔잖아요. 거기서 국회의장까지 보고 대통령까지 보고 이러니까, 우리가 생각했던 게 아닌 것 같아. '내가 준우를 잘못 키웠나?' 내가 지금 준우가 다시 있다면 다시 이야기해 주고 싶어. "하고 싶은 대로 하라"고(울음). "니 하고 싶은 거 다 하고 살으라"고 그랬을 거 같아. 만약에 있었으면 달라졌을 것 같아요. 이 사고를 보고 내가 만약에 준우를 다시 가르쳤다면, 다시 가르쳤을 거 같아요. "직접 뛰어들으라"고, "너 자원봉사도 해보고".

옛날에는 나이만 어리다고 생각하고 투입을 안 시켰어요. 준우한 테 그냥 책으로 보고 글로 보고 신문 보라고 했는데, 준우한테 제일 못 해줬던 게 그 현실에 맞게 좀 투입을 했었어야 했는데 준우를 그렇게 좀 못 한 거. 사회에 관심 많으신 분들 되게 많았어요, 그분들은 먼저 실천을 하셨잖아요. 내가 실천을 못 한 게 너무 많이 그런 것 때문에, [내가] 실천을 못 했기 때문에 이런 사고가 더 크지 않았을까…. 커가는 아이들이 너무 공부에 열중하[지 말]고 이 현장을 많이 알았으면 좋겠 어요, 아이들이. 부모들이 먼저 교육을 시켜야 돼요, 그런 교육을. 잘 키운다고 생각했는데 그런 걸 너무 많이 봐버렸어요. 조금 걱정이 돼 요, 나라가 많이 걱정이 돼요(웃음).

조금 많이 아쉽죠, 사람들은 아직도 많이 몰라요. 우리는 모르지 만 다음 세대가 많이 힘들 것 같아요, 정치가 안 바뀌면. 당을 떠나서 사람을 보고 뽑아야 되는데, 아이들 말이 다 맞는 것 같아요. 그래서 아이들한테 그런 말을 해주고 싶어요. 우리는 옛날에 지시하는 대로 따랐잖아요. 저번에 청문회 보면 "지시는 했는데 지시를 받는 사람이 없었다"고. 우리가 옛날에 계획적으로 아이들을, 계획적으로 사람들 을 다스렸다면, 지금 아이들은 내[자기] 주관적인 생각을 끝까지 가져 갔으면 좋겠어요. 선생님이라든지 부모라든지 아니라고 했을 때 "왜 선생님 아닌가요?" 부모님한테 "왜 아니에요?"라고 말할 수 있는. 자 꾸 그런 아이들을 가르쳐야 하는데, 옛날에 보면 "아니야, 이게 맞다 구" 선생님들도 보면 그렇잖아요. "너 왜 그런 말을 그런 식으로 해, 그게 아니야, 이게 맞아". 근데 이 아이들이 맨날 기가 죽어 있어서 그거에 대한 답변을 못 했는데, 지금 부모님들은 아이들이 "왜?"라고 했을 때 그거를 그냥 뭐라고 하지 말고, 아이가 '엄마, 이거 왜 그래? 왜 그래? 왜 아니야?'라고 했을 때 주관적으로 아이들이 계속 자기 생각을 펼 수 있게끔 부모라든지 사회가 그렇게 지켜줬으면 좋겠어요.

　룰을 바꿔서 그래야지 얘네들이 컸을 때 이런 사고가 똑같이 20년 후에 났을 때 자기 생각도 할 거야. 이게 판단을 자기들이 해야 하는데, 지금 어른들은 자기 판단이 맞지만 윗사람들 시키는 대로 하잖아요, 자기 판단이 없잖아요. 근데 이 아이들이 자꾸 자기 주도식으로 커 간다면, 부모들이 자꾸 잘 가르친다면 아이들이 위에서는 아무리 잘못돼도 밑에서 자기 생각대로 쭉 판단할 수 있는 그런 날이 좀 왔으면 좋겠어요. 나도 준우한테 "그건 아니야, 이건 아닌 거 같애"라고 말했는데 그게 조금 많이 미안한 거 같애요. 근데 그런 게 많은 것 같아요, 앞으로 우리나라가. 지금 서두가 이렇지만, 좀 자기 생각을 할 수 있는 아이였으면 좋겠어요(한숨). 뭐라고 말을 했는지 하도 까먹고(웃음).

## 10
### 진상 규명에 대한 전망과 의견

면담자　　진상 규명 전망 대한 어머님의 생각이 궁금합니다.

준우 엄마　지금 봤을 때는 잘 안될 것 같아요. (면담자: 부정적이세요?) 네, 국민들 의식이 아직 안 깨었잖아요. 예를 들어서 저도 엊그저께 [안산]시청에 일이 있어서 갔지만 어느 하나 세월호 배지를 달지 않았었고, 어느 공무원도 세월호 그게 없었고. 보면 세월호를 잘 모르는 사람이 너무 많아요, 지방에 가면 더 그렇고. 그리고 엊그제 서명해 봤었지만 나이 드신 분보다도 학생들밖에 해주지 않았어요. 애들은 우리 말 잘 들어요, 어른들 말을. 그러니까 애들은 해줘요. 어른들은 절대 서명 안 해줘요, 아직도. 하다못해 스무 살 넘어가도 안 해주더라구요. 난 이게 너무 무서웠어요. 근데 중고등학생들은 잘 해줘요, 해달라고 하니까. 그런 게 조금 아쉽고. 좀 관심이 많이 있어야 하는데 언론에서도 너무 숨기려고 하고 다 자기밖에 모르는 것 같아요. 여당이고 야당이고 너무 자기밖에 몰라서, 이게 혹시나 자기한테 뭐 잘못될까 봐 그러면서.

진상 규명은 그냥 천천히 갔으면 좋겠어요. 내가 살아가는 방법이 그거 같애요. '너무 진상 규명이 빨리 끝나면 어떻게 하지?' 나는 그 생각도 있어요, 너무 두려운 생각에 (웃으며) '어, 다 끝나면 우리 다 헤어질 텐데, 나는 이 진상 규명이 그냥 나 죽을 때까지는 해결이 안 됐으면 좋겠다'. (눈물을 훔치며) [안 끝난다면] 계속 같이 뭉치고 준우 이야기를 계속할 수가 있잖아요, 250명 아이들 계속 이야기할 수 있고. '근데 진상 규명이 다 끝나면 어떡하지?' 하는 생각을 저는 개인적으로 많이 해봤어요. 그래도 같이 밥 먹고 "어디 가자"고 하고, 아이들 위해서 뭔가 할 수 있다는 그게 제일 좋은 것 같은데, 우리한테 남아 있는 숙제라고 생각하고 살아가는 방법이 그거밖에 없는데….

(눈물을 훔치며) 솔직히 됐으면 좋겠는데 한쪽 마음은, 엄마 마음은 또 아닌 것 같아요. 그리고 나는 피해자가 ○○이인 거 같애, 남아 있는 피해자. ○○이가 결혼을 해도 꼬리표가 항상 세월호고 그 아이

가 아이를 낳아도 또 꼬리표가 세월호고…. (눈물을 훔치며) 그래서 그게 제일 마음이 아픈 것 같고, 해결은 돼야 해요. ○○이도 해결은 돼야 한다고 생각해요. 왜냐면 자기도 떳떳하기 위해서 "우리 형아가 왜 죽었는지 이야기를 하고 싶다"고 그런 말을 많이 해요. "빨리 해결돼서 '우리 형아가 나쁘게 죽지 않았다'고 그러고 싶다"고 그런 말을 많이 하는데, 걔는 또 걔 생각이고, 저는 다른 내 생각이고. ○○이를 위해서는 빨리 재정립이 됐으면 좋겠는데, 자꾸 진상 규명하다 보면 보이지 않는 게 많이 나올 거 같아요, 우리나라가.

그래서 '아이들이 평생 이렇게 일깨워 주고 살았으면 좋겠다, 사람들이 아주 다 트일 때까지'. 그래서 내 생각에는 이 아이들이, 준우 세대 애들한테 항상 그래요, "네 시대의 아이들은 네 시대에 태어난 거니까 니네들은 꼭 [세월호를] 가져가야 해". 그러면 그 아이들이 투표를 하고 살아가면서 좀 힘을 얻지 않을까, 이 아이들은. 그래서 평생 갈 것 같아요. 진상 규명이 우리가 못 하면 준우 친구들이 하고 그 밑에까지 애들이 하겠지만, 좀 [사람들을] 일깨워 가지고 이런 사건이 다시는 안 일어나게 했으면 좋겠어요. 쟤네들은[희생된 아이들은] 내가 보기에는 원한은 없어요. 애들 벌써 좋은데 가서 잘 지낼 거 같은데 남아 있는 부모들이 너무 힘드니까. 준우 같은 경우에는 "엄마 힘들어하지 마" 그러는 거 많이 같아서…. 근데 흩어지면 더 뭉치기 힘들잖아요. 모르죠, 내년에 또 해결되고 그러면 모를까. 근데 아직 영결식도 안 끝나고, 왜 죽었는지 알고 싶은데(한숨). 그러면 또 너무 빨리 끝나면 빨리 또 잊혀질 거 아니에요(웃음).

내 욕심은 그래요. 자꾸 법도 개선될 것 같고 시간이 지나면, 예전에도 보니까 처음엔 대학생들이, [유가족들이] 국회에 들어왔을 때 시민들이 많이 들어오는데, 제가 볼 때는 대학생들이 안 들어오더라고. 그래서 "옛날에 5·18사건[5·18민주화운동] 같은 때는 참 대학생들이 많았는데 왜 이렇게 안 오지?" 그랬는데 준우 아빠가 하루는 그래요. "대학생들이 왔다 갔다"고, "누가 왔다 갔어?" 했더니 서울댄가, "서울대 학생회장이라고 하는데 장애가 있는 분"이라고 하더라고. 그 학생이 왔는데 "뭐라고 했다"고 하더라고 "왜 이제야 왔냐?"고 준우 아빠가 "너네들이 힘을 모아서 싸워줘야지, 너네들 왜 지금까지 가만있냐?"고 그랬더니 그쪽에 같이 온 학생들이 "저희들이 직장 공부도 해야 하고 요즘에 부모들이 말하는 것처럼, 부모들이 키운 걸 생각해 보면 자기들이 이런 싸움보다도 앞으로 직장 때문에, 부모들 생각해야 하니까 직장 때문에 활동을 못 하는 것 같다"고. 그래서 준우 아빠가 "너네들이 많이 움직여야 하지 않겠냐?"고 그랬는데 그러고 말이 떨어지고 얼마 안 있다가 "그분 친구들이 대학 연맹을 해가지고 많이 움직였다"는 소리를 듣고.

(웃으며) 그래도 아직까지 우리가 봤을 때는 그런 걸 조금 뒷바라지해 주면 되지 않을까 싶고. 그리고 우리가 있으니까 그 사람들이 같이하고 싶지 않았을까? 뭔가를 만들어줬다는 생각? 이렇게 내가 개인적으로 봤을 때는. 나는 민주노총도 뭔지 몰랐고 "저 사람들 왜 이렇게 시위하나" 테레비에서 맨날 보면 그랬었는데, 우리가 이제 광화문 가운데에 이렇게 있잖아요, 저희 아이들이. 그래서 이렇게 보면 이쪽에서도 시끄럽고 동서남북이 시끄러운 거예요. '그나마 나는 다행이다. 나는 여기 있지 않아서 시끄러운 게 덜하네'. 이 사람들은 진짜

몇 년 전부터 지지고 볶고 하잖아요. 그나마 나는 안에서 한 번씩, 아이들 지키러 갔을 때 그런 생각 한 번씩 해요. 그나마 '우리 아이들이 있고 내가 여기 있으니까 이런 사람들이 조금 더 힘을 받지 않을까' 해요. 믿는 구석, 여기만 잘 지키고 있으면 될 것 같은. 뭔가 크게 안 해주더라도 '저 사람들 싸울 때 우리가 방패가 돼서, 우리를 좀 이용한들 어떨 거냐' 나는 약간 그런 생각을 해요. "우리를 이용해서 뭘 한다"는데, 나는 그런 것도 괜찮은 것 같아요. 뭐 어떡해요, '이용할 건 다 이용해야지' 그런 생각? 생각을 좀 바꾸는 스타일인데. 내 생각이 맞는지 어떤지는 잘 모르겠어요(웃음).

## 11
### 건강 상황과 상담 경험

면담자    건강은 좀 어떠세요?

준우 엄마    저는 괜찮은 것 같아요.

면담자    치료를 받으셨거나 병원에 다니셨거나 이런 거는 없으셨어요?

준우 엄마    특별히 뭐 치료받은 거는 없었고 기본적으로 좀 건강했었어요. 아침에 5시 반에, 아니 보통 보면 1시나 2시에 자서 5시에 일어나고. 직장생활을 계속 그렇게 10년 넘게 해왔기 때문에 단련된 몸이고 '잠 좀 안자면 어때' 이런 생각도 있었고. 내가 온마음센터나 어디 누구를 만나서 이야기를 하면 그분들도 환자예요. '저분들은 얼마나 우리 이야기를 듣느라고 말도 못 하고 속앓이를 할까?' 이런 생각(웃음). 나는 처음에 사고 났을 때 5월 달에 준우 장례식 끝나고 시[안산시] 관계자랑 온마음센터 직원들이 왔더라고요. "그러면 여기 앉으라"고 그래요, 나보고 이야기를 하래요. "왜 왔어요?" 그러니까 이야기를 다 털어놓으래. 그래서 한번 털어놨더니 울더라고. 온마음센터 직원이 자기가 해줄 수 있는 답이 하나도 없더래. 그래서 "왜 답이 하나도 없어요?" 그랬더니 "어머니 죄송해요" 그러는 거야. "왜 죄송해요, 저한테?" 그랬더니 준우 엄마가 말하는 거를 자기가 하나도 대답을 못 해준대는 거야. 근데 자기가 공부를 너무 안 하고 왔대, "또 다음에 준우 엄마 이야기할 때는 조금 전문 지식을 가지고 와서 들어야 되겠다"고. 그다음부터는 "내가 오라"고 해, 날짜를 맞춰서(웃음). 그래서 "그 사람들 말 듣지 말고 내 이야기를 들으라"고, "내 심정 가지고 공부하라"고 농담 삼아 그런 적도 있었고(웃음).

**면담자**        다른 부모님들은 상담받고 처방받으셔도 못 주무시는 분들이 계시다고 들었어요.

**준우 엄마**        얼마나 고통스러웠으면 그럴까…. (면담자 : 어머님은 따로 그런 일은 없으셨나요?) 네, 나는 비법이 그거였던 거 같애. 준우 사고 나고 너무 힘들었을 때, 항상 보면 준우가 거울을 잘 보고 항상 나도 거울을 잘 봐서 서로 거울을 갖고 싸웠던 적도 있었어요. 내가 준우한테 그랬어요. "준우야, 공부하다가 힘들고 아빠한테 화가 나고 막 울고 싶을 땐 울어. 울면서 크는 거야. 근데 울다가 거울 봐봐, 웃기지? 너 우는 모습". 내가 항상 그랬어, 준우한테 "엄마 봐봐, 엄마 웃다가도 미친년 같은데 거울 보면 또 화장하고 있어” 이랬는데 하루는 그 생각이 나더라구요. 막 준우가 너무 보고 싶어서 울다가, 정말 떼굴떼굴 굴면서 울다가 거울 앞에 또 가서 앉아 있어. “준우야, 엄마 웃기지? 또 울고 있네?” 그러면서 달래고. 나는 거울하고 이야기를 되게 많이 했던 것 같아요. 준우가 빗었던 머리, 손질했던 모습도 다 기억나지. 나는 너무너무 기억이 많이 나요.

　나는 너무 다행인 거 같아, 다른 사람들은 기억이 안 난다는데, 나는 준우가 먹었던 밥 씹는 숫자까지 나는 세었던 사람이라, 준우가 어떻게 했던 거 걸음걸이 이게 너무나 선명해요. 머리카락 하나하나까지. 왜냐면 내가 귀도 파주고 머리도 하나씩 뽑아주고 손발톱 다 깎아줬기 때문에 너무나 기억도 많고. 다른 애들보다 말을 많이 했잖아요, 사고 터지기 전까지도 막 잠을 안 자고 계속 말을 시켰으니까. 아빠가 출장을 갔었어요, 말할 상대가 없는 거야. ‘아싸’ 준우만 오면 그럼 드라마도 끝났겠다 싶어서 준우랑 계속 이야기를 한 게 남들보다 많이 할 수 있었던 거 같아요. 그게 내가 말을 하고 사랑하는 방법인 것 같아서 준우한테 고마운 거 같아요, 다른 사람이 비해서 잘 해준 게 많아서(웃음). 사람들은 “못 해준 게 많아서 슬프다고 하는데 “준우야 까짓거 내가 너 2G폰 사줬다고 해서 너 후회 안 하지? 스마트폰 안 사줬다고?” 이러지. 보통 보면 “으이구, 내가 스마트폰 사줬으면 잘 터졌을 텐데” 엄마들은 그렇게 하는데 나는 ‘우리 아들은 그거는 문제가 아니야’ 난 이렇게 생각을 하는 것 같애, “준우야, 스마트폰 아니어도 괜찮았지?” 이렇게.

　나는 그 대신 아빠 몰래 에그를 해줬거든요. 에그를 1년 치 끊어

쥤거든(웃음). '다른 엄마들은 2G 샀다고 후회하지만 나는 거기다에그라도 샀으니 얼마야' 막 이런 생각(웃음). 얼마 전에도 준우 핸드폰 살려가지고 번호 하나 따줬어, 그것도 번호가 그대로 가요. '아유, 나는 그래도 핸드폰이라도 있어서 다행이다' 막 이렇게. "준우야 봐라. 또 샀잖아, 엄마가. 너는 이제 시끄러울 거다. 싸이월드고 뭐고 다 올려놨다, 너 어떡하냐?" 준우 같은 경우 싸이월드를 많이 해놨더라고. 싸이월드도 찾고, 남들은 없었어요, 그런 것도. 근데 준우는 초등학교 1학년 땐가 2학년 때 싸이월드 한창 유행할 때 그때 내가 계정을 만들어쥤거든. 나 너무너무 잘한 거 같아. 거기다 준우가 싸이월드[에] 많이 올려놨더라고 사진도 300몇 개 정도로. 그리고 싸이월드 하면서 연결된 게 거기에 더 나와요. 막 메시지가 준우 어렸을 때 행동들 다 나오고, 태권도 나왔던 거 다 나오고. 그래서 내가 준우 친구, 같이 태권도 다녔던 5반에 완준이라고 있는데 거기 싸이월드 들어가가지고 또 그 집 엄마한테 한 3, 40장 줬던 거 같아, 애기 사진을. 되게 기뻐하더라고. 근데 그 엄마가 전화를 하더라고 "보내주지 말지", "왜?" 그랬더니 받고나니깐 또 너무 힘든 거예요, 그때 기억이 나니까. "아이구, 이거 그냥 언니 애기 사진 보라고 보낸 거야" 그랬더니 "그러냐?"고 그런 것도 있고.

준우 때문에 잘 해준 걸 생각하게 돼요. 만약에 준우 때문에 안전 사회가 되고 사람들 인식이 많이 다르게 됐다면, 원래 내가 준우를 크게 가르치려고 했는데 '아, 하늘에서 쓸모가 있어서 준우가 이런 식으로 됐나 보다' 하겠죠. 옛날에 팽목에 있을 때 너무 준우가 안타까운 거예요. '이게 크게 될 놈인데, 돈도 많이 벌고 크게 될 놈인데' 그랬는데.

준우 엄마 장순복

갑자기 사고 났을 때 저희가 독일 신문에 났더라구요, 독일 기자가 찍었는데. 독일 기자가 저희를 딱 찍었는데 딱 "준우가 없어, 여보" 그 순간이 너무 무서웠어요. 다시 생각하기 싫은 게 그 명단에서 준우가 없었을 때. 그거는 지금도 생각하면 아찔해요. 제일 힘든 게 준우를 시체로 봤던 것보다 준우가 명단에서 없었다는 게, 우리 아이가 실종자가 돼버렸잖아요. 그 순간이 너무 힘들어서 준우 아빠한테 어필을 했는데 그게 사진에 찍혀가지고.

근데 [독일에서 사진을 본 사람이] 그게 준우 아빠하고 그 사람이 우리 집에 왔던 사람이야. 우리 집에 왔던 사람이고, 준우한테 아이폰 사준다고 일부러 자기가 신문을 오려가지고 준우하고 "아이폰 어디서 하면 싸게 살 수 있냐?"고 이마트를 가고 그렇게 했던 분인데, 그분이 아침에 딱 일어나서 사진을 봤는데 준우 아빠가 있더래, 나랑 같이. 그래서 황급히 전화를 한 거예요. "뭔 일이냐?"고, "이 팀장한테 뭔 일이 생겼냐?"고. 그랬더니 사고 났다고 하니까 "어떻게 세상에 준우가 그 세월호 사고에 섞였냐?"고 그분한테 전화 왔었다고 준우 아빠한테 이야기를 들었어요. (면담자 : 직장 상사 분인가요?) 거래처죠. 우리 집에도 왔던 분들이거든, [준우] 고등학교 때.

팽목에 혼자 가만히 앉아서 '아, 준우가 이럴려고 빵 터졌구나' 싶었어요. 내가 그렇게 준우한테 "큰사람이 돼라. 큰사람이 돼라" 했더니 마지막까지 이렇게 빵 터뜨리고 가가지고 세계가 다 알게 한 거 같애. 그때는 기자들도 되게 많았었어요, 외국 기자들. 우리가 BBC하고도 인터뷰를 많이 했거든요. 그래서 준우가 내가 볼 때는 '그냥 이렇게 갔지만, 친구들하고 다 모두가 좀 서운한 것도 있지만 이렇게 빵 터뜨리고 크게 하고 갔구나' 싶어요. '아마 너로 인해서 많은 사람들이 변화가 될 거야, 너는 참 잘 하고 간 것 같애'. 내 아이지만, 살아 있을 때도 참 나한테 잘 했지만 가면서도 이렇게 너무 잘 한 것 같애서, '잘 지켜주고 갈 거'라고 생각해서. 내가 보면 '[준우가] ○○이를 좀 많이 지켜줄 거'라 생각해요. ○○이 시대에 남아 있는 아이들. 그렇게 가지 않았나 크게 해놓고.

교통사고가 아니라 천만다행인 게, 그냥 묻혀질 수도 있는 일인데, 준우가 어떻게 죽느냐에 틀리잖아요. 왜냐면 이렇게 생각해 봐요. 테레비에서 보면은 살인사건도 많이 나고 투신도 하고 하는데 정말 준우는 그래도 어떻게든 엄마, 아빠한테 왔잖아요. 지가 오긴 왔었고 그냥 잊혀지지 않은 것 같아서, 지금도 [사람들이] 준우 알고 다 알잖아요. 그래서 '아 저 사람들이 준우를 기억해 준다면, 이것보다 기쁜 일이 없겠구나' 그래서 어쩌면 너는 남들보다 좀 나은 것 같고, 내가 남들보다 더 나은 엄마여야겠단 생각을 했어요.

얼마 전에 한 친구 엄마를 봤더니 단원중학교를 같이 다닌 아이였고 다른 고등학교를 갔는데 그 아이가 "얼마 전에 교통사고로 죽었다"고 하더라고. 며칠 안 됐어요. 준우하고 똑같은 친구들인데 준우하고 절친인 딸[여학생]이 있어요. 우리 준우 여자 친구의 그 동네 아이가 죽은 거예요. 그 여자아이의 친구죠, 고등 동창인데. 그래서 그 말을 듣고 '그 엄마보다는 내가 더 낫네'. 왜 항상 보면 '저 엄마보다는 내가 낫겠다', '준우가 또 이런 것도 주고 가네? 나 바보 엄만가 봐' 이런 생각을 많이 했었어요, '아, 그래도 내가 좀 낫구나'. 나는 그래도 많은 사람들과 이야기하고 걱정을 많이 해주잖아요. 세월호를 많이 [걱정]해 주잖아요, 가족들한테. '그래도 웃고 하는 게 다행이다, 그냥 가지 않아서'. 물론 숙제도 많이 남겨준 것 같고.

**면담자**    아버님은 어떠셨어요?

**준우 엄마**    아빠도 지금 조금 개인 일을 하고 있는데 하면서도, 오래 할지 안 할지는 모르는데 일단은 어쨌든 일을 했어요. 이거 가족[협의회] 일을 프리 스타일로 하고 있는데, 하면서 지금 감사로 아빠가 이번에 돼가지고 같이 일을 하고 계속 이야기도 하고 있고 활동도 하고 계속 일하고. 여기하고 연계 있는 것 같아서 좀 좋아요, 가까이 있어서 좋아요.

내가 크게 잘 할 수 있는 것은 아직 없는데 그래도 할 것 같아요. 왜냐면 내 생각은 조금 더 나이가 연륜이 있고 조금 있는 엄마들이 더 나서면 [좋겠어요]. 그 엄마들이 나중에 힘이 빠지거나 어차피 눈도 안 보이고 관절도 빨리 생기는데, 그 엄마들이 나중에 "아우, 잘했어, 잘했어. 언니들 정말 잘했어, 잘했어"라고, [저는] 오히려 더 나이 먹은 언니들을 따라줘요. 근데 자꾸 나는 언니들을 보면, 이 언니가 활동하면 "잘한다, 잘한다, 잘한다" 또 이러고 다니고 있더라고, 내가. '애는 없어도 나는 나인가 보다, 또 정신이 오락가락하나 보다'(웃음). 준우 아빠가 옛날에는 그런 걸 하면 잔소리를 많이 했는데, 지금은 준우 아빠가 약간 나를 포기했었어요. 예전에 준우 있을 때부터 "니 하고 싶은 대로 하고 살아라". 옛날에 준우 아빠가 [나한테] "하지 마, 하지 마, 하지 마"라고 했는데 내가 화를 냈었거든. "왜 나한테 자꾸 하지 말라고 하냐? 나도 내 인생 있다"고 그랬는데 준우도 없고 준우 아빠가 잔

소리 안 하니까 내 마음대로 하고 사는 것 같아요(웃음). 근데 행복은 없어요, 너무 아쉬운 게 내 자신이 없다는 거. 그리고 벌써 나이를 2살 더 먹어가지고 금방 마흔넷이 됐는데 금방 오십 됐으면 좋겠어요.

하루 아침엔 준우 분향소를 가면 준우를 못 볼 거 같아. 왜냐면 너무 애기 같은 거야, 얼굴이. ○○이가 너무 커버려서 ○○이가 그 얼굴 나오더라니까, 지금. 근데 준우는 아직도 얼굴이 애기 얼굴이야. 이제 준우가 애기라는 게 너무 마음이 아파서 분향소 가기도 너무 힘들고 자꾸 나이를 먹으면 생각을 할 거 아니에요. 그게 더 마음이 아파요, 얘가 항상 17살에 머물렀다는 게.

근데 어떨 때 보면은 너무 '아, 정말 어쩔 수 없이 준우가 이런 운명을 타고났다'는 생각을 정말 많이 해요. 나는 정말 많이 해요. 우리 언니도 그렇고 준우가 자꾸 크면 클수록 말하는 스타일이, 생각하는 스케일이 아주 크더라고. 그래서 엄청 걱정을 했었어요, 너무너무 잘 해서 천재가 바보 된다는 소리 왜 듣잖아요. '쟤 저러다 갑자기 머리 돌면 어떡하지?' 나는 그 생각 진짜 많이 했었거든요. 우리 언니가 하루는 와가지고 "야, 너 큰일 났다. 너네 준우 고등학생 되면". 애가 너무 이런 생각이 강한 거예요. 애가 2학년 되고 그러니까 하루는 이모가 와가지고 "나는 준우는 걱정이 안 되는데 네가 걱정돼, 너 어떻게 쟤 키울 거냐? 너 키울 방법이 없다"고, 애기가 보통 애가 아니라는 거예요. 그래서 "나도 걱정돼, 언니 나 어떻게 키워야 돼? 나 쟤가 무서워" 막 그랬었거든요. 지금도 후회하는 거지만 쟤를 군대를 보내면 군대생활 잘 할 수 있을까? 우리 언니가 "아니지, 쟤는 맨날 맞지" 그러더라고. 왜냐면 끝까지 말대꾸하니까 "아닌 건 아니라고 끝까지 말

170

준우 엄마 장순복

할 건데, 엄청 맞을 텐데 너 어떡할래? 아들 군대 보내놓고 어쩌겠냐?" 진짜 그렇게 걱정도 많이 했었어요. 걱정만 걱정만 하다가 사고 터져버린 거야. 또 그런 걱정은 안 하게 되더라고(웃음).

이러고 살아요, 또 혼자 자숙을 하게 되고 그러다 혼자 웃게 되고. '엄마가 이런 걱정 안 하게 하려고 쟤가 미리 가버렸나?' 이게 안 그럴 수 없는 게, 사람이란 게 진짜 나는 나를 한번 내 뇌 구조라든지 누구 전문가가 있으면 내 생각을 좀 보고 싶어. 진짜 최면술 걸어서라도, '어떻게 내가 모든 걸 다 했던 대로 저렇게 됐을까?' 준우가 그랬거든, 가기 전에 일주일 전에. 우리가 연애가 좀 힘들게 해서 내가 임신을 해서 [시집을] 갔었는데 "내가 태어나지 않았었으면 엄마가 더 행복하게 살 수 있었을 텐데" 그러는 거예요. 아니라고, "네가 있어서 우리는 결혼도 할 수 있었고 네가 있어서 모든 가족들을 만나게 됐다"고, "너는 행복한 아이"라고 그랬더니 그러는 거야. "엄마, 나는 이렇게 왔다가 이렇게 가나요?" 이러더라고, 사고 일주일 전에 나한테(울음). "무슨 소리야?" 내가 그랬더니 "나는 이렇게 왔다가 이렇게 가는 인생인가?" 혼자 막 중얼중얼하는 거예요, 별 신경 안 썼죠. 원래 걔가 엉뚱한 이야기를 잘 하니까. 근데 시간이 지나면 갈수록 그런 것도, 준우가 그런 걸 생각을 하지 않았을까 많이 두려움이 있었던 것 같아, 자기도 모르는 두려움.

누가 그러잖아요, 이 참사가 음모라고도 하는데, 나는 준우가 이런 음모가 날 거라고 미리 생각을 했던 거 같애. 그래서 어쩔 땐 또 '맞아, 저 사람들이 우리 준우를 죽이려고 저렇게 음모를 했었는데, 어머, 우리 준우는 또 저런 음모를 알고 있었네? 어머, 우리 준우는 대통령보다 더 먼저 알고 있었구나, 저 사람들 정말 무서워해야 돼, 이 아이들을 죽여놓고 어떻게 저렇게 뻔뻔스럽게 살 수 있을까? 저 아이는 저 음모를 알고 죽었는데 저 사람들은 오래 살 수 있을까? 아니야, 지금은 살 수 있을지 없을지 몰라도 손자들은 자녀들은 평생 살 수 있을까? 저 음모는 언젠간 깨질 텐데'. 그래서 나는 준우가 좀 무서운 거 같아. '그런 것 보면 지는 알고 간 거라고, 알고 간 아이'라고 생각하는데, 그 직감이라는 게 걔는 있었겠지, 암만해도 보니까.

## 12
### '세월호 엄마'에 대한 주위의 시선

**면담자**   '세월호 엄마'라는 사람들의 시선이 싫다고 하셨지요?

**준우 엄마**   직장 다녔을 때요. 저는 세월호 엄마라는 게, 직장을 들어갔잖아요. 그러면 "세월호 엄마냐?"고 그러고 물어봐요. "너 유민 아빠 알아? 누구 알아? 누구 알아?", "이 가족들 아냐?"고 물어봐요. "왜?" 그러면 "테레비에 나오는 사람 연예인 같애, 너 연예인이잖아" 유민이 아빠는 모르는 사람이 없어요. 〈비공개〉 "유민이 아빠 광화문 가서 뭐 했어? 뭐 했어?" 물어보는 거야 자꾸 틈만 나면, 화장실 가고 뭐 하고 그러면. "인터넷 봐. 너도 어차피 인터넷 보고 나한테 이야기하는 거잖아" 나도 만만치 않지, "인터넷 보고 말해". 내가 왜 슬퍼하거나 기죽어 하고 있을 필요는 없거든, 거기 가서. 그 사람들이 만약에 나한테 따뜻하게 해줬으면 나도 똑같이 할 텐데, 그 사람들이 물어봐요. "요즘에 스마트폰이 얼마나 잘 됐니? 스마트폰 봐

봐" 나는 그렇게 이야기해요, 오히려 내가 이겨요. 이겨내는 거야, 사람들이 더 얄미워서 더 하는 거야, 내가 그 사람들한테 질 필요가 없거든. 나는 내 아들 죽은 게 창피하진 않았거든.

그런 세월호 엄마라고 자꾸 물어봐요. "너 어제 광화문 갔었지?" 다 동태를 알고 있더라고요. 주위 사람들이 더 많이 알고 있는 것 같아요. 그래서 "내가 '준우 엄마 아냐?'고 물어봤다. 물어봤다". 막 그러는 행동들이 무서운 거예요. "나 아는 사람도 세월호 가족인데, 너 누구 알아? 누구 알아? 누구 알아?" 그러면 내가 조금 조심을 해야 하나? 난 나와서 조금 풀고 싶은데 이 사람들이 자꾸 나를 옭매는 것 같애. '나 누구 알아. 나 그 사람하고 페[이스북]친[구]이야', '나 동창이야' 그러면 내가 또 괜히 잘못 이야기해서 저 사람들한테 피해를 주지 않을까 막 그런 게 두려움이 엄청 많았었어요. 그런 것도 싫었고.

여기서는 세월호 엄마지만 밖에 나가서는 "세월호 엄마"라고 하면 싫진 않았던 것 같아요. "나 세월호 엄마야"라고 하면 아이들이 "헉" 이렇게 바라보는 게 틀리더라고. "나는 세월호 엄마야". 나는 그렇게 이야기해요. 어디 가면 "세월호 엄마냐?"고 그러면 애들이 잠깐잠깐 놀라는 것 같더라고. 세월호 엄마여도 너무 그렇게 이미지가 안 좋게 보이는 것보다도, 세월호 엄마도 조금 괜찮은 이미지도 있는 엄마도 많잖아요. 광화문에 갔는데 내가 옷을 자연스럽게 입고 갔는데 "아, 우리 아들 여기 있다. 준우야, 안녕? 엄마 오늘도 광화문 왔다" 했는데 옆에 있는 아줌마가 나를 이렇게 쳐다봐요. "유가족이에요?", "네, 제가 유가족인데요?", "근데 나는 유가족이 되게 슬퍼할 줄 알았는데 왜 애기를 보고 웃어요? 왜 이렇게 좋아해요? 죽은 애기를 보고 왜 이렇게 좋아해요?" 막 그런 말에 약간 상처를 받아요. "세월호 엄만데 왜 애기가 죽었는데 그 애기를 보고 그렇게 좋아해요? 죽은 애기를 보고?" 그런 말을 했을 때는 다시 이야기를 하죠, 아니라고.

황당할 때도 많았었어요, '내가 표현도 막 하면 안 되나? 아직까지도 이런 사람들이 많이 있구나' 그런 생각도 많이 하게 되고. 내가 아닌 나를 봤을 때 내가 뭐 잘못할까 싶어서 조금 걱정을 많이 해요. 솔직히 '만만치 않구나, 변한 게 없으면 어떡하지? 준우가 죽고도 변한 게 너무 없구나' 그런 생각이 좀 아쉽고. 이렇게 여기서 나가 보면 나는 또 사회인이 돼 있더라고. 그냥 보통 이웃이 돼 있고 그런 게 좀 마음이 아파요.

준우 친구들도 많이 만나고 싶은데, 준우 친구들이 사고 나서 못 만나게 되고. 한두 명 있는데 아들딸로 삼고 싶은데 좀 그렇더라고. 내가 그 아이들을 자꾸 이렇게 안에 살아 있는 아이들을 담아두면 그집 엄마가 나를 싫어한다고 그러더라고(울음). 그래서 "왜 그러냐?"고 그랬더니 "네가 우리 아들이고 딸이고 자꾸 불러들이면 죽은 아이의 이야기를 하잖아" 그래요. 그 마음이 이해가 되는 게, 내가 자꾸 준우 친구라고 준우 이야기하면 그 엄마 입장에서 봤을 땐 죽은 아이 이야기하는 거 좋아하진 않겠더라고. 그래서 내가 준우 아빠도 자꾸 준우 친구들 데려다가 밥도 먹고 준우가 잊혀지지 않게 자꾸 친구들 입에서 나오게 하는데 나는 그러질 못할 것 같애, 그 엄마 마음을 알면. 만약에 내가 준우가 있었는데 준우 친구가 죽었어, 저렇게 사고로. 그럼 내가 저 엄마들한테 가서 계속하라고 할 수 있을까? 이것도 약간 바꿔어야 되는데. 방법이 다른 게 따로 있지 않을까 그런 생각을 많이 해

174

준우 엄마 장순복

보긴 해요. 애들을 직접 만나보면 안 그러는데 부모들이 자꾸 "자기 애기 앞에서 죽은 애기 얘기하지 말라"고. "왜 네가 자꾸 죽은 애기 집에 가냐?"고 그런 게 속상은 한데.

　근데 그런 애들이 우리 집에 막상 오잖아요? 걔네들이 나한테 배워가요. 하루는 [준우 친구가] 1년 만에 왔대, 1년 만에. 너무너무 고통스러웠대요, 너무너무. 다른 아이들 장례식장도 갔었고 다른 집에도 갔었고 여기를 오고 싶었는데 근데 준우 나온 날을 못 찾았대. 자기가 기억을 못 해서 준우 장례식장에 못 갔는데 1년 만에 나를 찾아왔더라고, 1년 만에. 그래서 "나는 너를 기다렸다"고 그랬더니 오히려 자기는 [준우] 엄마가 너무너무 힘들어할까 봐 못 왔대. 근데 준우 모습하고 엄마하고 너무 똑같은 게, 내가 옛날에 준우하고 놀던 시절에 1시간, 2시간 동안에 너무 기뻤고 미안했던 마음이 싹 없어졌더래. 근데 내가 오히려 준우 친구들한테 준우 이야기를 들어야 하는데, 나한테서 준우 비밀을 다 알고 간 거야. 아이들이 그래서 "너무너무 좋았다"고, "나는 어머님, 아버님이 다른 집처럼 너무 힘들게 살 줄 알았다"고, "근데 역시 준우 엄마, 아빠는 역시 내가 기대했던 것 이상"이라고 그러면서 "너무 행복하다"고. "엄마, 아빠가 너무너무 잘 지내셔서 준우한테 미안한 것도 없어진 것 같다"고. 그런 이야기 하다 보면 '아이고, 짜식이 또 저러고 또 위안을 받는구나' 싶어서 "야 인마, 너이제 우리 집에 자주 와. 돈 떨어질 때 와라, 용돈 줄게" 이야기도 하고 하는데… 쓸쓸하죠, 아이들 보면 그렇기도 하고.

# 13
## 준우 동생이 겪은 일들

**준우 엄마**　　○○이 같은 경우는 처음에 내가 오래 안 데리고 있었어요. "팽목에 일주일 데리고 있었다"고 했잖아요, 일주일 있는데 내가 생각을 해봤어요. 자꾸 학교에서 전화가 오더라고, 아이가 불편할 거 같으면 한두 달 데리고 있으라고. 근데 그 상황이 좋은 상황이 아니잖아요, 데리고 있을 수가 없었어요. 일주일 데리고 있었는데도 애가 좀 힘들어할 거 같아서. 보여줄 게 없잖아요, 좋은 거면 내가 1년이라도 데리고 있지. 좋은 게 없어가지고 일단 학교를 보냈어요. 너무 힘들어할까 봐 이모 집에서 학교를 보냈는데 와서 들었죠, ○○이한테. "어떻게 잘 지냈니?" 했더니 "엄마, 너무 힘들다"고. 자꾸 끄집어낸대. "우리 반엔 몇 명 있는데 네 명 중에 두 명은 살았는데 두 명은 죽었더라, 우리 형들은 살았는데 너는 죽었더라". 그러니까 생존한 애들하고 죽은 아이하고 갈라지는 거야. 그니까 "우리 형 살았는데 너네 형은 안 나왔어? 죽었어?" 이렇게 이야기하다 보면 그 아이가 "너무 상처를 입고 수업 시간에 거의 잤다"고 하더라고, "안 들을려고 일부러". 〈비공개〉

　　하루는 ○○이가 너무 힘들어하는 거야, 집에 왔는데. 아빠한테는 이야기 안 하는데 나한테 해요. "왜 그래?" 했더니 5월 달인가 6월 달인가 선생님이 너무 학교 분위기가 안 좋으니까 오늘 영화를 틀어주더래. 형아 장례식을 치르고 왔잖아요, 왔는데 영화를 틀어주더래. 선생님들이 너무 애들이 공부가 잘 안되니까 영화를 틀어주고 "영화

를 보라"고 했는데 ○○이가 너무 놀랬대. 형아 장례식 끝나고 얼마
안 있다가 영화를 틀어줬는데, 사람 죽이는 폭력 영화였다고. 근데 너
무 그게 매치가 되더래. 폭력이니까 사람 죽이고 하는 그런 영화였는
데 거기서 지가 막 떠올리는 거야, 형아 모습을. [○○이가] 막 죽음을
알고 왔잖아요(울음). "엄마 학교에서 이런 거 봤는데 너무 힘들어".
하루는 또 영화를 봤는데, 공부를 하는데 그랬다나? 수업 시간에 중학
교 2학년 책이니까 내가 잘 모르겠지만 책에서 공부를 하는데 배 모
습이 나오더래. 여기는 어디고, 배 어디고 그 모습이 또 겹치더래, '아,
우리 형이 여기 밑에서 죽었겠네? 여기 위에서 죽겠네?' 그걸 보고 있
으면 또 그런 게 떠올리는 거야, 애기가(울음).

　　그래서 '아, 이걸 어떻게 하지' 그래서 아빠한테 많이 이야기하면,
아빠가 그때 심리[지원] 쪽 관심을 갖고 그래서 듣고. ○○이가 "엄
마, 난 세월호 하기 싫은데 [선생님이] 나보고 세월호 자꾸 남으래".
"왜?" 그랬더니 "난 친구들하고 축구도 하고 예전처럼 놀아야 되는데
자꾸 선생님이 세월호 애들은 남아서 방과후수업을 하라"고 그리고,
그러면 친구들이 그런대 "야, 너는 세월호니까 너는 나랑 축구 못 차
겠다". 학교에서 너무 "세월호 애들"이라고 너무 이야기를 하니까.
○○이가 "아니야, 나는 축구 찰 수 있어" 그러면 "넌 세월호니까 너
이따 상담하러 가야 되잖아", "나는 세월호인 게 너무 싫어, 엄마. 난
그냥 친구들하고 같이 놀면 안 돼? 왜 자꾸 학교에서는 나를 세월호
라고 해놓냐?"고, "집에 가면 엄마도 없고 아빠도 없고 이모 집에 가
야 하는데, 초등학교 때부터 친했던 친구들이랑 중학교 1학년 때 얼
마나 친해서 축구 차고 하는데 그런 것도 못 하겠다"고 원망스럽다

고 하더라고요. 제일 중요한 게 그런 거? 그리고 생선이 나오거나 그러면 애들이 약간 트라우마 있는 게, ○○이만 있는 게 아니라 그 아이들이 다 물고기가 나와서 물고기를 튀기면 그 튀기는 소리도 이제 싫은 거예요. 생선 먹는 것도 싫고, 그 당시엔 그랬어요.

○○이는 사고가 났을 때 혼자 집에 있었잖아요. 만약에 많이 혼나면 옛날엔 형아가 잘 챙겨주고 했는데, 형아가 의젓하잖아요, 키도 키고. 그러니까 "어머니, 아버지 얘 잘못한 거 없다"고, "다 내가 잘못한 거"라고 그랬었는데, 매 맞을 것도 준우가 맞고 혼날 때 50 대 50으로 둘이 맞는 건데. 지금은 형이 없으니까 내 어깨가 너무 무거워지는데, 앞으로 살날이 많은데 엄마, 아빠 효도도 해야 하지, 형아처럼 공부도 해야 하는데 기대는 안 되지, 그리고 욕도 자기가 잘못하면 그거 다 자기가 100프로 다 감싸야지. 그래서 "형아가 없어서 너무 슬프다"고 하루 운 적도 있었고. "자기는 고민을 털어야 하는데 학교 가서도 고민을 터놓을 사람이 없는데 엄마, 아빠가 부럽다"고. "엄마, 아빠는 [준우 친구 부모] 5인방도 있고 모여서 이야기도 하고 국회도 막 갔다가 또 버스 타고 오고 하는데 자기는 혼자 집에 있어야 되는 게 너무 힘들다"고. "누군가가 나의 이야기를 들어줄 사람이 없다"고. 그런 힘든 거에 대해서 "엄마보다 내가 더 힘들지 몰라요". 그런 말 많이 했었고 약간 형아에 대한 그런 생각도 많이 있는 거 같더라고.

옛날에 그 북콘 책이 왔을 때도 박스로 왔는데 ○○이가 그거를 지 침대에다가 이렇게 책을 덮어놨더라고. "엄마, 엄마", "왜?" 그랬더니 "오늘 형아한테 선물이 왔다"고, "엄마한테 큰 선물이 왔다"고. 책을 썼다는 이야기를 했었는데 보니까 이게 책이더래, 그래서 그걸 이

준우 엄마 장순복

렇게 이불로 덮어놓은 거야, 그 아이가. "왜 그랬니?" 그랬더니 엄마가 세상에서 제일 사랑하는 형이 와 있대, 지금 여기에. "옛날에 할머니가 귀한 사람, 할아버지 오면 이렇게 따뜻한 데다가 밥해놨잖아. 그것처럼 내가 형아 따뜻하라고 추울까 봐 따뜻하라고 이불로 덮어놨어". (눈물을 훔치며) 그 책 박스를 이렇게 침대 이불에다가 덮어놨더라고 따뜻하게 있으라고, 조금이라도 형아가 [따뜻하라고]. 말은 안 해도 약간 행동들이 다 나오는 것 같고, 이번에도 단원고를 갔는데 내가, 중학교 때 ○○이가 형아 거를 물려 입었어요. 그래서 내가 농담으로 "너 단원고 가면 교복 물려 입을래?" 그랬더니 "그건 형아 건데 놔둬야지, 졸업도 못 했는데" 그러면서. 이번에 교복하고 맞췄는데 나는 마음이 많이 아프더라고. 〈비공개〉

　준우를 단원고에 보냈지만 ○○이가 만약에 단원고 가서 '우리가 안 좋은 모습을 봤을 때 얘가 어떻게 생각할까?' 그래서 내 마음이 지금 또 두 마음이 되는 거예요. 그래서 하루는 이렇게 생각해 봤더니 어떤 엄마가 "너 그러니까 ○○이 단원고 보내지 말랬잖아", "언니 내 마음이 벌써 이래, 나 어떡해? 나 단원고 언니들이 너무 그러면 나 미워할지도 몰라, 언니들한테". 그랬더니 "그냥 단원고 보내지 말라고 했잖아, 네가 열심히 싸우려면 단원고 보내지 말아야지. 왜 애기를 단원고 보내서 네가 마음이 벌써 흔들리냐"고. "나는 살아 있는 내 아들도 생각해야 되는데, 이 아이가 졸업을 잘 할 수 있을까 벌써 걱정이야. 나는 벌써 재학생 부모가 돼가는 거 같아, 언니. 입학도 아직 안 했는데" 그랬더니 그 말을 듣고 "아, 어떡해야 되지?" 말을 못 하겠는 거예요. 〈비공개〉

　준우도 저기에[단원고에] 있고 ○○이도 있어요. ○○이까지 잘못되면 안 되고 그렇잖아요. 같이 졸업을 시키더라도 어떻게든 해야 되거든. 그래서 다른 단원고 가는 애들한테 내가 용기를 되게 많이 줘요. "아, 네가 단원고 가서 우리가 힘이 난다. 너희들이 할 일이 정말 많다" 막 그런 이야기를 많이 하는데, 막상 ○○이한테는 그렇게 말 못 하겠더라고. 단원고 가는 애들한테 정말 내가 이야기를 하는데, 남 얘기할 때는 잘하는데 내 자식한테는 그게 잘 안되더라고. 그게 또 남자애라고 틀려, ○○이가 그렇더라고.

○○이가 이런 말을 하더라고 "엄마, 내 친구들이 다 단원고를 떨어졌어, 친한 친구들이" 그래서 "기분 나쁘니?" 그랬더니 "아니", "속상하니?" 그랬더니 "아니, 다행이야" 그래. "왜 다행이야?" 그랬더니 "나만 알고 있을 거 같잖아, 세월호를. 내 친한 친구들이 우리 학교를 안 왔으니까". 벌써 마음이 저러나 싶어서 안타깝더라구. 중학교 2학년 때 사고 터질 때 자기 짝꿍이 세월호였어요. 같은 반이었던 거야, 준우 친구였던 거야. 근데 그 아이는 공부를 잘했대요. 근데 끝까지 세월호라고 이야기를 안 했대. 그 아이는 학교도 안 빠졌대. ○○이는 일주일 빠졌는데 걔는 일주일 동안 학교도 다녔다는 거야. 그래서 자기는 자기 "짝꿍이 세월호인지 몰랐다"는 거야. 오빠가 사고를 당한 거지, 짝꿍이 여자아이인데. 근데 "어떻게 알았냐?"고 했더니 선생님이 "세월호 애들은 남으라"고, 세월호 애들은 교대로 상담을 하는데 ○○이가 가고 나니까 걔도 딱 데리고 가더래, 선생님이. 그래서 엄청 놀랐대.

집에 와서 "엄마, 다행이야. 세월호가 나만 있는 게 아니야". 그래서 애도 또 이렇게 하나 보다 싶었죠. 근데 2학년 때는 워낙 친한 친구들, 남자애들이 사고를 많이 당했어요. ○○이가 알고 있는 자기 친구들도 오빠, 형들이 다 죽은 거야. 거기서 약간은 위안을 받더라고, 아이가. 근데 3학년 됐는데 너무 웃긴 거는, 한 일주일 전인가 또 웃었어. "아이고 ○○아, 이제 세월호도 너 혼자밖에 없고 그러니까 공부 잘하고 자지 말고 있어" 그랬는데 한 일주일 되니까 애가 씩 웃고 와. 그래서 "왜 웃어?" 그랬더니 "엄마, 나 말고 세월호 한 명 더 있다?" 이러더라고. 알고 봤더니 우리 7반 애기인 거야, 어떻게 인연이 된 거야. "서로가 서로를 의지하고 있었다"고 하더라고. 왜냐면 몰랐는데 그 아이가 엊그저께 중학교 졸업을 했는데 내가 그 집에 놀러를 갔었어요, 우연찮게. 근데 "너 우리 ○○이 단원고 갔는데 너도 단원고 갔다며?" 그랬더니 "어떻게 아셨어요?" 그래서 "알지, 우리 ○○이가 단원고 갔는데" 그래서 "아!" 하고 놀래는 거야, 애가. 여자애니까 눈치가 또 엄청 빨라요. 내가 콕 짚어서 "너 우리 ○○이가 단원고 간 게 다행이지?" 그랬다? 그랬더니 "너무너무 다행"이라면서 ○○이하고도 별로 안 친한데도 "'아, 다행이다' 하면서 서로 의지하는 게 있었다"고 하더라고. 그래서 내가 "너 보디가드 하라고 ○○이 단원고 보냈으니까 진짜 잘 해야 돼" 내가 막 그랬더니 "네" 그렇게 하더라고. '서로 아이들이 아직까지 의지를 하고 있구나' 그런 것도 있었고. 〈비공개〉

그래도 ○○이가 말은 안 하지만, 일부러 말을 안 걸어요, 더 힘들어할까 봐. 근데 은연중에 말이 툭툭툭 나오는 거 보면 '아, 그래도 쟤가 아무것도 모르는 앤 줄 알았는데 다 생각을 하고 있구나'. 그리고 ○○이는 분향소라든지 납골당을 절대 안 가요. 예전에 추석이라고 초창기에 한 번 같은 해에 14년도 추석에 형아를 보러 갔는데 애기가 피하더라고. 그래서 혼냈어요, 집에 와서. (눈물을 훔치며) "왜 자꾸

만 형아한테 제대로 인사도 못 하고 빙빙 도냐?"고, "다른 동생들은 다 와서 형아한테 인사하고 하는데 왜 그러냐?"고 그랬더니 "엄마, 난 납골당도 가기 싫고 분향소도 가기 싫어" 그래서 "왜 그러니?" 그랬더니 왜 자꾸 부모들은 형아가 죽은 거를 보여주려고 하내. 납골당 가면 알잖아요, "'형아가 죽었으니까 여기 있잖아, 형아한테 인사해' 이렇게 자꾸 자기를 각인시킨다"는 거야. 내 마음속에는 형아가 아직도 평생 살아 있고 자기는 아직 어려서 인식을 못 하고 언젠가는 자기가 스스로 갈 때 되면 "내가 이제 형아를 인정할 텐데, 그때가 언젠지는 모르겠지만 어른들이 너무 그렇게 자기들 생각대로 한다"고. 얘는 얘대로 나름, 다른 애들은 다 따라가는데 얘는 또 틀리구나 싶었어요. "어른들 때문에 나를 움직이게 하지 말라"고. '다른 아이들 활동하는 거 보면 참 대단한 것 같은데 아직 ○○이는 조금 더 남았구나'.

예전에도 그런 이야기를 했었어요, 너무 준우가 [생각나서] 괴로워서 제가 마흔둘이니까 "아, 하나 더 낳을까?" 준우 같은 아이가 그립기도 하고 ○○이 혼자 살아가려고 하면 너무 많고 막 어떻게 될지를 모르겠어요. 그래서 내가 준우 아빠를 잡고 꼬셨어, "나 애기 하나 낳고 싶다"고. 아마 그게 준우 같은 아이를 다시 키우고 싶은 거야. 왜냐면 내가 준우를 이렇게 키웠는데 이게 아니라고, 다시 가지고 싶은 거야, 내 마음 속에서.

왜냐면 준우는 대한민국 엄마들이 좋아하는, 엄마가 시키는 대로 하는 아이였어요. 자기 주도 학습부터 해서 다섯 번을 읽으면 다섯 번을 다 읽고, 그니까 정말 손들라고 하면 손들고 엄마가 작전을 짜주면 그걸 학교에 가서 다 실행하는 아이였기 때문에 준우 같은 아이가 태어나면…. ○○이한테는 그렇게 못 했어요, 내가. 왜냐면 준우를 가르치다가 놓쳐버린 거지. [다시 낳는다면] 애기 때부터 아예 교육을 시킬 거 같애, 다시. 내가 봐왔잖아요. 그걸 다시 가까이 키울 거 같애. 그래서 다시 낳고 싶었는데 준우 아빠가 그러더라고 "있는 ○○이나 잘 키우라"고. (웃으며) "저 아이가 무슨 죄길래, 너는 ○○이가 있는데 왜 아이를 낳아서 그 아이한테 신경 쓰려고 하나. 있는 ○○이나 잘 키우라"고 해서 마음을 접었죠(웃음). 생각해 보니까 나는 ○○이를 생각을 못 했던 거 같애, 너무너무 미안하더라고. 우리가 모르잖아요, 하나가 남아 있는 게 얼마나 귀한 건지를. 잊어버리고 또 내가 그런 욕심을 부렸나 하는 게 좀 많이 ○○이한테 미안하더라고.

내 생각에 또 아쉬움은 남았지만, 준우를 끝까지 못 한 게 엄마는 아직도 그게 남아 있는 거죠. 그래서 옛날로 돌아가면 다시 가르칠 거 같애. 좀 많은 걸 가르쳐줄 거 같애. 많이 보여줄걸. 옛날에 저는 서울에다 학교를 많이 보내고 싶었던 게, 서울 가면 또 틀리잖아요. 왜냐면 인구가 2, 3배잖아요. 그래서 내가 "돈을 벌더라도 서울 가서 벌어라" 왜냐면 여기서 벌면 사람이 얼마 안 되지만, "서울 가서 만약에 집을 하나 수리한다고 목공이라고 해봐라. 목수라고 해봐라. 그러면 안산은 집에 100개지만 서울은 1000개야. 아무리 그래도 지붕 뚫어지는 집, 비 새면 비 새는 집이 많아도 그 집이 더 많지, 이 집이 많겠냐" 항상 이렇게 생각을 가졌으니까. 나중에는 "그러다 보면 서울 가도, 서울 가다 보면 세계가 있고 세계를 보면 우주가 있고 그러다 보면 할 일이 엄청 많아" 이러고. "너 하나 공부해서 수천 명이 너로 인해서 가르침을 받는다면 그거 대단한 거 아니니?" 항상 그랬어요. 그래서 준우가 마지막으로 생각한 게 『해리 포터』 책을 만든 사람이 어마어마한 부자가 됐잖아요. "우리나라에서는 내가 볼 때 현대하고 삼성보다 더 따라간다"는 거야. 근데 "내가 만약에 그런 책을 짓는 작가가 된다면 아시아에서 최초고 대한민국에서 최초고, 우리 대한민국은 다른 나라보다할 게 많다"는 거야. 그 『해리 포터』 그 사람이 돈을 버는 거 보고 깜짝놀랬대. "아, 우리나라에 이런 작가가 아직도 없구나, 내가 해야지. 엄마, 내가 해야 되겠어" 이런 생각을 되게 많이 했어요.

그리고 그 애플, 지금은 그 사람도 돌아가셨지만 그 사람을 되게 존경했어요, 준우가. 오히려 더 어마어마한 미국의 대기업을 했던 사람이라 그런 걸 자기가 되게 힘을 받고 탄력을 받고 한창 크고, 나는 그것을 조정을 너무너무 잘하고 있었고, "아빠 미국에 있는데, 미국에 아는사람들 많대. 그까짓 거 본사 갈 수 있어. 야, 잔디밭 처음엔 밟았지? 나중엔 담 넘어간다? 그러다 보면 개구멍이 나와" 이렇게 아주 쉽게 쉽게준우한테 가르쳐주면 준우는 그거를 [다른 아이라면] 의심을 하는데 그아이는 의심을 안 해요. "맞다, 개구멍이 있었지, 엄마?" 〈비공개〉

**면담자**        ○○이가 강아지 키우면서 많이 위로를 받았다고 들었는데, 언제부터 키우셨어요?

**준우 엄마**        네, 강아지한테. 준우 장례 끝나고 한 1, 2주 있다가강아지를 키웠는데 애기가 크니까 강아지한테 이야기를 하는데 얘가 있잖아, "엄마 흉을 본다"고 하더라고. ○○이가 하루는 "엄마, 나 용돈 안 주면 얘한테 다 이야기할 거야". "뭐냐?"고 했더니 강아지한테. 이름이 콩이인데 우리는 땅콩이라고 이름을 지으려고 했어요. 왜 땅콩이라고 하냐면 [○○이가 말하길] "강아지 사면 무조건 땅콩이야", "왜?" 그랬더니 형아가 땅콩샌드를 되게 좋아했대, 달달하잖아요. 준우가 그걸 잘 먹었어요, 땅콩샌드를. 근데 그 집 [강아지의] 엄마가 땅콩이래. [그래서] 아저씨가 땅콩이라고 하지 말래, 엄마가 땅콩이라고. 그래서 이름이 콩이가 됐는데 맨날 그 콩이한테 이야기를 하는 거예요. "우리 엄마 나빠, 우리 아빠 나빠". [강아지는] 그 이야기를 다 들어준대, 아무 말도 안 하고. 엄마는 "시끄러, 그만해!" 그러는데 강아지는 다 자기를 들어주고 있더래. 밤새 이야기를 하는데 그러면 강아지가 다 자기 이야기를 들어준대. "오늘도 콩이한테 엄마, 아빠 흉 많이 봤어. 근데 콩이가 다 잘했대" 막 이렇게 위안을 삼더라고, 자기가. 강아지 지금도 좋아하고.

면담자        ○○이가 많이 강아지를 보살펴주겠어요.

준우 엄마      엄청 이뻐하죠, "결혼할 때도 데리고 간다"고 할 정도로(웃음).

면담자        다행이네요.

준우 엄마      정말 다행이에요. 여자 친구가 빨리 생기지 않을까? (웃으며) 그런 걱정도 하고.


# 14
## 마무리


면담자        마지막으로 꼭 남기고 싶은 이야기가 있으시면 말씀해 주세요.

준우 엄마 　　　유가족들이 조금 의심이 많아졌어요. 안타까운 거는 난 가족 이야기를 하고 싶은데 가족을 만나보면, 활동하는 사람들은 되게 열심히 해요. 근데 활동을 못 하는 사람들은 좀 되게 미안해해요. 그래서 난 "미안해하지 말라"고 해요. "당신이 직장 다니는 건 아무 죄가 없고, 당신이 안 나와도 괜찮다. 근데 지금 돈을 많이 벌어서 나중에 그 돈 나 좀 주면 되잖아". 내가 직장을 다닌 게, 준우 아빠도 그러는 거예요. 직장을 다니는 게 나중에 내가 돈을 많이 벌면 열심히 일한 유가족을 위해 쓸 거란 말이에요. "가족들을 도와주고 싶다" 그런 이야기를 하고 있고. 그래서 내가 항상 그래요. 직장 다니는 사람들이, 나도 잘 안 다녀요, 나도 직장을 그만둔 지 얼마 안 됐으니까. "너는 그래도 조금 활동하는 것 같애" 그래서 "아유, 그 사진만 봐주는 게 나 도와주는 거야. 그니까 지금 열심히 일 다니다가 나중에 나 맛있는 거 사줘. 나 다음에 한약 하나 해줘. 그게 나 도와주는 거고 언니들 도와주는 거지".

　　그리고 나는 그 부모들이 일을 하는 걸 미안해하니깐 일부러 더 찾아가. 애들 사진 있으면 걔네들 거 꺼내오고, 핸드폰 뒤져서 애들 이야기 나오면 막 또 보내주고. 약간 그렇게 하는데, 미안해하니까 가족들한테 "미안해하지 말라"고 하고. 우리들이 해야 할 일이, 아직 숨어 있는 가족들이 힘들어하는 가족들이 많아요. 그분들 다 찾아내야 되는데 아직 가족대책위에서 그 일을 아직 못 하고 있는 거 같아서 마음이 많이 아프고. 의심이 많아요, 엄마들이 너무너무 의심이 많아요. 왜냐면 다 정부에서 하는 일이니까 상담사라든지 지금 하시는 분들 다 좋

준우 엄마 장순복

은 사람들인데 이거를 자꾸 의심을 하게 돼, 내 말을 퍼뜨릴까 봐.

　그리고 어떤 사람은 그런 말도 하더라고, 그 옆에 가게 아줌마한
테 시청에서 와서 자꾸 선물을 준대. 그러니까 이 옆에 있는 아줌마가
자꾸 자기한테 와서 물어보는 거야, [공무원은 유가족에게] 직접 못 물
어보니까. 그러면 안 되는데 아직도 왜 이런 게 벌어질까 싶기도 하
고. 다 같이 가야 될 일인데, 그렇고 다 한 가족 같아서 활동하는 사람
들 있으면 그냥 지금도 괜찮고 앞으로 많이 도와주신 분들이 우리가
더 잘하는 모습을 보여야 되는데.

　조금 힘이 떨어질 때까지 있을 거예요. 그러면 그분들이 '어? 세
월호 가족들이 왜 잘하다가 왜 저래?' 분명히 그렇게 생각하는 사람
들이 많이 있을 거 같은데 그렇게 생각 안 해주셨으면 좋겠어요. 분
명히 그런 일이 아마 나올 거 같아요. '우리는 그때 저 사람 잘 도와줬
는데 저 사람들 보상금 받고 너무 잘사는 거 아냐? 좋은 데로 이사 가
는 거 아냐?' 그건 아니거든요. 우리도 벌 만큼 벌었고 사는 만큼 살
았고 직장도 저도 계속, 결혼해서 한 번도 빠뜨린 적 없이 열심히 다
녔던 사람들이라 당연한 거고. 근데 나중에 너무 시민들이, 잘해준
분들이 기대를 했는데, 세월호 가족들이 너무 안정적으로 살까 봐 나
중에 "어유, 우리가 도와줬는데 저것밖에 안 되네"라고 말을 할까 봐
그게 좀 두렵고.

　또 많은 사람들이 깨달아가지고 애들 좀 잘 가르쳤으면 좋겠어요.
숨어 있지 말고 좀 나와야 되고, 한 번 시위하는 것도 교육이라고 생
각해요. 방패 싸움하는 그런 시위도 많이 없잖아요. 나는 시위하는 모
습 한 번만이라도 애들 데리고 나왔으면 애들이 달라지지 않을까? 간

단하게 앉아 있는 것도 시위가 되잖아요. 우리가 시위 많잖아요. 침묵 시위도 있고 행진도 있고 뭐 많잖아요. 지금은 마스크 쓰고 하고 막 그러니까 그런 데 좀 애들도 참여시켰으면 조금은 애들이 공부도 더 열심히 할 것 같아요. 그게 더 공부 안 할 거 같죠? 공부도 열심히 해요, 탄력받아서.

좀 오래갈 거 같아요, 이 싸움은. 되게 오래갈 거 같으니까 안 잊어먹고 나중에 우리 아이들 추모관 같은 거 생기면 자주자주 혐오스럽지 않게 생각해 줬음 좋겠고. 좀 싫다고 할 사람들이 분명히 있을 거란 말이에요. 안산 시민들이 조금 그걸 좀 인식을 높여가지고 아이들을 제대로 애도할 수 있게끔 했으면 좋겠고. 자꾸 애들을 찾게 해줘야 하는데, 부모님들이 아직 활동을 못 하시는 분들도 많으니까 그분들도 좀 치료가 잘 됐으면 좋겠고. 나는 좀 괜찮아져서 생각 안 해봤지만 아픈 사람들도 있고, 나이 먹은 사람들이 있는데 국가에서 그 사람들을 많이 도와줬으면 좋겠어요. 앞으로 트라우마센터가 정말 세워졌으면 좋겠는데 잘될지 어떨지는 잘 모르죠. 컨트롤타워가 여기 안산에 있었으면 좋겠는데 안 해줄 거 같아요. 그게 좀 많이 아쉬워요. 지금 해결하지 않으면 다음 세대에 [이런 참사가] 또 나올 텐데, 이것도 모르면 우리는 안 될 것 같아요. 할 말은 많은데, 나중에 집에 가면 후회할 텐데, 분명히.

**면담자**　　　네, 긴 시간 어려운 말씀해 주셔서 감사합니다. 이것으로 준우 어머님 3차 구술 마치겠습니다. 감사합니다.

**4·16구술증언록 단원고 2학년 7반 제4권**

그날을 말하다 준우 엄마 장순복

ⓒ 4·16기억저장소, 2020

**기획 편집** 4·16기억저장소 ¦ **지원 협조** (사)4·16세월호참사가족협의회
**펴낸이** 김종수 ¦ **펴낸곳** 한울엠플러스(주)
**초판 1쇄 인쇄** 2020년 4월 1일 ¦ **초판 1쇄 발행** 2020년 4월 16일
**주소** 10881 경기도 파주시 광인사길 153 한울시소빌딩 3층
**전화** 031-955-0655 ¦ **팩스** 031-955-0656 ¦ **홈페이지** www.hanulmplus.kr
**등록번호** 제406-2015-000143호

Printed in Korea.
**ISBN** 978-89-460-6765-3 04300
        978-89-460-6801-8 (세트)
* 책값은 겉표지에 표시되어 있습니다.